CB136601

O catarismo na tradição espiritual do Ocidente

Uma aproximação ao pensamento cátaro

O catarismo na tradição espiritual do Ocidente

Uma aproximação ao pensamento cátaro

Eduard Berga Salomó

Tradução
Isabel Rocha
Lucília Madeira
Teresa Azevedo

1.ª edição

PUBLICAÇÕES CIVITAS SOLIS

São Paulo–SP · 2018

© 2018 Fundación Rosacruz
🌐 www.fundacionrosacruz.org

Traduzido do espanhol *El Catarismo en la tradición espiritual de Occidente*, 1.ª edição de 2012

Coordenação editorial: Vanessa Guedes
Revisão: José de Jesus, Marcus Vinicius Mesquita de Sousa
Capa: Monica Jackson
Diagramação: Marcus Vinicius Mesquita de Sousa
Desenho da capa: Infinitum
1.ª edição, 2018 — Impresso no Brasil

Dados Internacionais de Catalogação na Publicação (CIP)
(Câmara Brasileira do Livro, SP, Brasil)

Salomó, Eduard Berga
O catarismo na tradição espiritual do Ocidente : uma aproximação ao pensamento cátaro / Eduard Berga Salomó ; tradução Isabel Rocha, Lucília Madeira, Teresa Azevedo. – 1. ed. – São Paulo : Publicações Civitas Solis, 2018.

Título original: *El Catarismo en la tradición espiritual de Occidente.*
ISBN: 978-85-68910-07-8

1. Cristianismo 2. Espiritualidade 3. Gnosticismo 4. História eclesiástica - Idade Média, 600–1500 5. Rosacrucianismo I. Título.

18-19340 CDD-273.6

Índices para catálogo sistemático:

1. Catarismo : Cristianismo 273.6
Iolanda Rodrigues Biode – Bibliotecária – CRB-8/10014

É vedada a reprodução, mesmo parcial, sem prévia consulta aos editores.
Todos os direitos desta edição reservados ao:
Instituto Cultural Civitas Solis
Rua Heitor Peixoto, 58
01543-000 São Paulo – SP
☎ (011) 3208-5550
🌐 www.civitassolis.org.br
✉ publicacoes@civitassolis.org.br

Sumário

Payre Sant, Dieu dreyturier de bons speritz,
qui hanc no falhist ni mentist ni errest ni duptest
per paor de mort a prendre al mon de dieu estranh,
car nos no hem del mon, nil mon no es de nos,
e dona nos a conoysher so que tu conoyshes
et amar so que tu amas.

Farisiens enganadors, que esta à porta do regne,
evedaytz aquels que intrar i voldrian,
e vos autres no y voletz.
Per que prec al Paire Sant de bons speritz,
que a poder de salvar las ammas,
et per bons speritz fa granar e florir,
e per raso dels bons dona vida als mals,
e fara mentre que i vaia al mon dels bons.[1]

---

[1]DUVERNOY, Jean. *Le Registre d'Inquisition de Jacques Fournier.* Paris: Claude Tchou, 2004. p. 869. t. 3.

Oração cátara

Pai santo, Deus justo dos bons espíritos,
Tu, que nunca te enganas, nem mentes, nem duvidas,
por termos medo da morte no mundo do deus estranho,
visto que não somos do mundo nem o mundo é nosso,
dá-nos a conhecer o que tu conheces e a amar o que tu amas.

Fariseus sedutores, que vos mantendes na porta do reino
e impedis a entrada dos que queriam entrar,
enquanto que vós não o quereis.
Por isso, rogo ao Pai Santo dos bons espíritos,
que tem o poder de salvar as almas
e faz frutificar e florescer por bons espíritos,
e que devido aos bons dá vida aos maus
e fará isso enquanto houver bons no mundo.

Lleida, 1323, declaração de Joan Maurí perante os inquisidores

1. A origem dos cátaros

A visão do Cristo que tu vês
é a inimiga mais encarniçada da minha visão [...]
A tua é amiga de toda a humanidade,
a minha fala em parábolas aos cegos;
a tua ama o mesmo mundo que a minha odeia;
as portas do teu céu são
as portas do meu inferno [...]
Ambos lemos a Bíblia dia e noite,
mas tu lês preto onde eu leio branco.

William Blake

TALVEZ NÃO EXISTA heresia tão conhecida e estudada como o catarismo. Nenhuma outra heterodoxia cristã provocou tanta polêmica entre os teólogos e os pensadores da época em que foi combatida. Várias dezenas de manuscritos originais[1] mostram-nos ainda vivamente, com maior ou menor detalhe, a história e as crenças desse movimento cristão, nascido na Europa do século XII.

No entanto, ainda hoje um véu de mistério envolve o catarismo. Apesar das numerosas fontes originais que se conservam, apesar da numerosa historiografia produzida a seu respeito[2] e

[1] Para um período de pouco mais de cem anos, de Eckbert de Schönau (1165) a Anselmo de Alexandria (1270), conservam-se cerca de 40 tratados teológicos contra o catarismo, alguns muito extensos e detalhados, como o de Moneta de Cremona.

[2] GRAU, Sergi. *Cátaros e Inquisición en los Reinos Hispánicos (siglos XII–XIV)*. Madrid: Ediciones Cátedra, 2012. p. 35–94 (há uma descrição atualizada e pormenorizada dessa historiografia no primeiro capítulo).

do conhecimento histórico rigoroso dos acontecimentos ocorridos, muitos elementos-chaves para compreender o catarismo são-nos ainda desconhecidos.

Qual a sua origem? Quem foi ou foram os seus fundadores? Quais as características essenciais que definem esse movimento? Podemos identificar como cátaros todos os hereges medievais ou é preciso diferenciá-los? É correto utilizar o nome de cátaros para distingui-los? O catarismo alemão, o italiano e o occitano são idênticos? Quando se extinguiu essa heresia?

São muitas as questões que se colocam a respeito do catarismo. Os investigadores atuais seguem linhas de estudo desse movimento muito diferentes, apoiadas em teorias tão divergentes que estamos longe de ter uma resposta conclusiva.

Durante vários séculos, sua história e seu pensamento estiveram enterrados nos arquivos eclesiásticos. Com o aparecimento de Martinho Lutero (1483–1546), a Igreja católica começou a limpar o pó dos velhos tratados contra os cátaros, a fim de enfrentar a Reforma protestante, arguindo a pretensa perversidade dessa Reforma por meio de sua identificação com os hereges neomaniqueus medievais.

Os primeiros teólogos e historiadores protestantes, por seu lado, defenderam o valdismo e o catarismo como movimentos precursores de sua dissidência, sobretudo por suas precoces traduções bíblicas para as línguas vernáculas. O historiador Matias Flácio Ilírico (1520–1575), na obra *Catalogus Tertium Veritatis,* estabelece sua filiação verdadeiramente cristã, proclamando: "Os cátaros, que a calúnia proclamou dualistas e maniqueus, pertencem à Igreja de Deus... os papistas imputam falsamente aos heréticos ensinamentos não cristãos".[3] Mas, nessa época, ainda não se distinguiam valdenses e cátaros muito claramente.

---

[3] SÁNCHEZ, Pilar Jiménez. *Les Catharismes: Modèles dissidents du christianisme médiéval (XIIe–XIIIe siècles).* Rennes: Presses Universitaires de Rennes, 2008. p. 25.

Assim, a segunda parte da *História dos Valdenses* (1618), do pastor protestante Jean-Paul Perrin, tem por título: *História dos Valdenses chamados Albigenses.*

Vê-se repetidamente que, no decurso dos primeiros séculos de sua existência, esses dissidentes medievais não eram ainda conhecidos por "cátaros", mas sim, fundamentalmente, por "albigenses" ou "patarinos", ou por qualquer outra designação em função da região onde apareciam. O bispo católico Jacques Bénigne de Bossuet, em sua obra *História das Variações das Igrejas Protestantes* (1688), dedica todo um capítulo à *História abreviada dos Albigenses, Valdenses, Wicléfitas e Hussitas,* sendo o primeiro a distingui-los claramente uns dos outros. Pouco depois, o dominicano Jean Benoist escreve uma *História dos Albigenses e dos Valdenses, ou Barbets* (1691).

Contudo, somente em meados do século XIX, quando o pastor protestante Charles Schmitt faz um esforço de síntese em sua obra magna *História e Doutrina dos Cátaros* (1845), é que se populariza o nome por que é hoje conhecida essa heresia cristã. No entanto, Napoleón Peyrat, um dos grandes precursores do "renascimento cátaro", intitula a sua obra *História dos Albigenses: os Albigenses e a Inquisição* (1872), identificando a perseguição a esse movimento com um território determinado.

Foi no decurso do século XX que o catarismo se difundiu de maneira extraordinária, principalmente devido ao interesse que suscitou em duas vias do conhecimento. Por um lado, a comunidade científica começou a descobrir o importante acervo documental da época referente a esse movimento. Muitas vezes circunscritos ainda ao quadro da Igreja, como o bispo Douais ou o dominicano Antoine Dondaine, os historiadores foram trazendo à luz numerosas fontes originais, tanto da Inquisição e dos polemistas católicos quanto dos próprios cátaros.

Por outro lado, o catarismo originou também enorme interesse nas novas correntes de pensamento — que poderíamos denominar "esotéricas" — que procuravam na própria tradição ocidental uma porta de acesso a um novo tipo de espiritualidade que trouxesse um verdadeiro modelo de reforma social e individual. Déodat Roché (1877–1978), que era antropósofo, ou Antonin Gadal (1877–1962), que se uniu à Rosa-Cruz, foram exemplos dessa tradição.

Na realidade, a divulgação do catarismo produziu-se quando as duas correntes se fundiram num trabalho comum. Paradigma dessa convergência foi a revista *Cahiers d'Études Cathares*, cujo primeiro número, editado em 1949, tornou possível a publicação de numerosos artigos de ambas as tendências. O conhecido filósofo René Nelli (1906–1982) e o jurista Jean Duvernoy (1917–2010) estão entre os últimos grandes precursores científicos do conhecimento do catarismo que escreveram para essa revista, fundada por Déodat Roché.

Assim, durante o século XX, o nome "cátaro" acaba por impor-se como designação de um conjunto heterogêneo de cristãos heterodoxos, presentes em quase todo o território europeu nos séculos XII a XIV e que aparecem nos documentos originais com nomes tão díspares como: arrianos ou arianos, maniqueus ou neomaniqueus, albigenses, cátaros, catafrígios ou cataristas, gazaros ou cazaros, patarinos, publicanos, piflos, tecedores, búlgaros ou bugros, esperonistas, roncários, ebionitas, estadenses (da cidade de Stade, na Alemanha), etc.[4]

Mas o nome que prevalece nas fontes originais para denominar esses grupos cristãos, sobretudo nos registros inquisitoriais, é o de "hereges", utilizado por antonomásia, em contraste com outras heresias medievais conhecidas, como os valdenses, os henricianos, os petrobruyenses, os arnaldistas, os dolcinistas,

[4] SCHMIDT, Charles. *Histoire et Doctrine des Cathares.* Paris: Harriet, 1983, p. 275–284 (na sexta nota final há uma listagem documentada dos diferentes nomes dados aos cátaros); BORST, Arno. *Les Cathares.* Paris: Payot, 1984. p. 204–213 (dedica um anexo inteiro aos nomes das seitas cátaras).

os apostólicos ou os hussitas, entre outras. Por isso, devemos prestar atenção, em primeiro lugar, à etimologia da palavra "herege", que originalmente não tinha, de modo algum, um sentido pejorativo.

Segundo o dicionário etimológico de Corominas,[5] a palavra herege, que provém precisamente do occitano antigo *eretge*, deriva do latim tardio *hæreticus*, que o toma por sua vez, do grego αἱρετικός (hairetikós) ou αἱρέομαι (hairéomai), palavras cujas raízes exprimem a ideia de "eleição" ou de "escolha" de determinado partido, de sustentar certo ponto de vista.

Como disse a historiadora Christine Thouzellier:

> [...] o herege não é nem anormal nem neurótico: é, pelo contrário, um homem preocupado com a verdade que, sempre por causa do seu cristianismo, já não se satisfaz com o dogma das verdades reveladas. Pode ser levado a esse estado por considerações pessoais de ordem metafísica ou por verificações sociais que o fazem ver, em uma sociedade cristã constituída, anomalias ou desvios que já não correspondem às diretrizes iniciais.[6]

A Igreja católica, cuja estrutura consolidou-se na Idade Média, entendeu essa possibilidade de livre escolha, essa interpretação singular das Sagradas Escrituras, como um desvio do dogma estabelecido pela cúria romana. O que a hierarquia eclesiástica chamou "perversão herética" é, na realidade, uma visão, uma interpretação diferente do significado de ser cristão.

Assim, para o poder eclesiástico, herege são todos os que pensem de modo diferente e, por isso, tenham caído no pecado da heterodoxia e, o que é mais grave, dediquem-se a difundir

---

[5] COROMINAS, Joan. *Breve diccionario etimológico de la lengua castellana.* Madrid: Editorial Gredos, 1997. p. 317.

[6] THOUZELLIER, Christine. *Hérésie et Hérétiques: Vaudois, Cathares, Patarins, Albigeois.* Roma: Edizioni di Storia e Letteratura, 1969. p. 2.

seus erros entre a população, confundindo as almas simples com sua pregação.

Ao longo dos séculos x e xi, a Igreja romana empreendeu numerosas reformas na Europa ocidental. Por meio de instituições como a "Paz de Deus" e a "Trégua de Deus", por meio de uma profunda renovação monástica e eclesiástica e, sobretudo, pelos seus inumeráveis esforços por dominar o poder político, ela foi construindo paulatinamente um verdadeiro "poder espiritual", com voz própria e independente, que se impunha em todas as questões religiosas e estabelecia como dogmas de fé as suas próprias interpretações das Sagradas Escrituras.

Paralelamente, a sociedade medieval ocidental ressurgia, pouco a pouco, da penúria dos séculos anteriores. Um aumento da pluviosidade na Europa, que favorecia a agricultura, e uma considerável explosão demográfica, que impulsionava o ressurgimento das cidades, coadjuvaram esse paulatino florescimento social. O comércio entre os diferentes territórios restabelecia-se, e os mercados fervilhavam de atividade em cidades e burgos cada vez mais povoados.

Artesãos, camponeses, burgueses e comerciantes adquiriam cada vez mais importância em um mundo que se livrava com lentidão do flagelo das lutas e dos confrontos. Governos municipais incipientes começavam a tomar as rédeas outrora deixadas ao bel-prazer dos nobres feudais. As terras eram cultivadas de novo em profusão, aumentando a abundância de alimentos e permitindo a proliferação de caminhos entre as povoações. Pequenas indústrias começaram a desenvolver-se nas prósperas cidades, e sentia-se por toda a parte um alento de reformas e de renovação.

É natural que nessa efervescência cultural, favorável ao crescimento social e material, surgisse igualmente um impulso de independência espiritual e religiosa na Europa ocidental. Ao longo do século xi já se encontram numerosas crônicas que falam de hereges ou de grupos de hereges. Nas regiões de Arras, Monforte (Itália), Toulouse, Orléans e Aquitânia, fala-se de numerosos "maniqueus" e "arrianos" que infectam as povoações com seus ensinamentos venenosos:

> No ano de 1027, descobriu-se na cidade de Orléans uma heresia impura e grosseira que, após ter germinado muito tempo na sombra, produziu uma vasta colheita de perdição e acabou por abarcar grande número de fiéis em sua cegueira. Segundo dizem, foi uma mulher vinda da Itália que trouxe essa infame heresia para as Gálias. Cheia de artifícios do diabo, ela sabia seduzir todos os espíritos, não somente os dos idiotas e simples, mas também os da maior parte dos clérigos mais afamados por seu saber, que não estavam isentos de suas seduções.[7]

Naquela época (1075), já se falava também de "arrianos" nos Pireneus. Assim, Juan de Mariana diz em sua obra:

> Guilhem Jordà, conde da Cerdanha, perseguia os hereges arrianos que tornavam a brotar por aquelas paragens ao fim de tantos anos. Castigava aquela má gente com desterros, confisco de bens, infâmia e com a morte a que condenava os obstinados.[8]

Não seria de admirar que naquelas regiões montanhosas, longe dos círculos do poder, existissem ainda reminiscências de tradições priscilianistas, arrianas ou adocionistas que, com a melhoria social, voltassem a aparecer. Já fazia pouco mais de dois séculos que o bispo Félix de Urgell (781–799), tido na região

---

[7] GLABER, Raoul. *Chronique de l'An Mil.* Clermont Ferrand: Paleo, 2011. p. 120 (é digno de nota verificar que o cronista dê como origem dessa heresia "uma mulher" que seduziu com as suas artes diabólicas até os clérigos letrados).

[8] MARIANA, Juan de. *Historia General de España.* Barcelona: Imprenta Francisco Oliva, 1839. Livro 9. Cap. 13. t. 2, p. 335.

como homem de grande retidão e santidade, havia sido condenado como herege adocionista ao exílio perpétuo devido aos numerosos adeptos de seus ensinamentos.

No Concílio de Toulouse, que o Papa Calixto II presidiu em 1119 na presença de cardeais de seu séquito, arcebispos, bispos e abades da Provença, Languedoque, Gasconha, Espanha e pequena Bretanha, estabeleceu-se no terceiro cânon:

> Condenamos e expulsamos da Igreja, como hereges, aqueles que rejeitam o sacramento do corpo e do sangue do Senhor, o batismo das crianças e as ordens eclesiásticas, bem como o matrimônio; e ordenamos que sejam reprimidos pelo poder secular. Tais hereges são uma seita dos maniqueus que escondem sob uma máscara de piedade as mais infames abominações.[9]

No entanto, com base nas fontes de que dispomos atualmente, podemos afirmar que o catarismo, nas diferentes formas em que foi conhecido na Europa ocidental, não teve nenhuma relação com o movimento maniqueu dos primeiros séculos. A religião maniqueia baseava-se num *corpus* evangélico escrito pelo próprio fundador; ora, na documentação relativa ao catarismo revista até o presente não aparece nenhuma menção a esse *corpus*, nem existe menção alguma a Mani ou aos dogmas rigidamente fixados por ele.[10] No máximo, encontra-se a pretensa acusação de "dualistas" por parte dos polemistas católicos, mas, como afirma Simone Pétrement, "nem todo o dualismo é maniqueu".[11]

---

[9] PELTIER, Ad.-Ch. *Dictionnaire Universel et Complet des Conciles.* Paris: J.-P. Migne, 1847. p. 1013. t. 1.

[10] HAGMAN, Ylva. "Le catharisme: un neo-manicheisme?" *Heresis.* Carcassone, n. 21, p. 47–59, 1993 (artigo bem fundamentado sobre o assunto).

[11] PÉTREMENT, Simone. *Essai sur le dualisme chez Platon, les gnostiques et les manichéens.* Paris: Presses Universitaires de France, 1947. p. 330.

A denominação de "cátaros" para designar um grupo de dissidentes cristãos medievais não aparece antes de meados do século XII. Embora a carta de Evervin, preboste do mosteiro de Steinfeld, na Alemanha, — escrita por volta de 1143 ou de 1147 e à qual voltaremos —, descreva com muita precisão as linhas mestras de seu pensamento, a obra do abade beneditino Eckbert de Schönau, *Liber contra Hereses Katarorum* (por volta de 1162–1164), é a primeira a usar a denominação de "cátaro" para identificar de maneira específica os hereges de Bonn e de Colônia.

Num ambiente de piedade fervorosa — a mística Elisabeth de Schönau, amiga de Hildegarda de Bingen, é sua irmã e autora de um texto contra os cátaros, ainda não encontrado, mas conhecido por uma citação de João Tritêmio (1462–1516), abade de Sponheim[12] —, Eckbert (falecido em 1184) empreende a árdua tarefa de escrever uma obra, dividida em vários sermões, em que expõe os numerosos erros desses dissidentes.

Na sua carta a Reinaldo de Dassel, arcebispo de Colônia (1159–1167), a quem dedica a obra, expõe o seguinte:

> Quando era cônego na igreja de Bona, eu mesmo e Bertoldo, que compartilha os meus sentimentos, participamos com frequência em debates com esses homens e prestamos uma atenção prudente aos seus erros e às suas defesas. Conhecemos muitas coisas que lhes dizem respeito graças àqueles que puderam sair dos seus conventículos e libertar-se dos laços do diabo. Daí a grande abundância do que provém deles e do que pode ser dito contra eles, reunido por mim neste livro com o encorajamento do meu abade, o senhor Hildelin, e transmitido à Vossa Alteza por motivo de nossa velha amizade.[13]

---

[12] TRITÊMIO, João. *De Sacramento Altaris contra Catharos* apud THOUZELLIER, Christine. *Hérésie et Héretiques: Vaudois, Cathares, Patarins, Albigeois.* Roma: Edizioni di Storia e Letteratura, 1969. p. 211.

[13] BRUNN, Uwe. *Des contestataires aux "cathares". Discours de réforme et propagande*

É pois importante fazer ressaltar que o termo "cátaro" não provém dos próprios hereges, e que são os teólogos católicos que os designam como tal. Seguramente, tal como ocorreu com o termo "maniqueu", a denominação original provém de Agostinho de Hipona (354–430), cuja obra constitui o modelo da refutação católica às heresias da antiguidade cristã.[14]

Mas também não seria estranho que esse nome tivesse sido extraído por Eckbert do que podia considerar-se como a enciclopédia medieval por excelência. Referimo-nos a *Etimologias,* de Isidoro de Sevilha (556–636), que, em seu capítulo dedicado às heresias, dá uma definição de "cátaro" muito próxima da imagem distorcida que a Igreja medieval queria mostrar. Lê-se aí:

> Os cátaros são assim chamados devido à sua pureza. Glorificam-se dos seus méritos, negam aos penitentes o perdão dos pecados; consideram adúlteras as viúvas que se casam e creem-se mais puros que os outros. Se quisessem realmente conhecer melhor o seu nome, deveriam antes chamar-se mundanos (e não mundos) [isto é, limpos].[15]

Os polemistas católicos não queriam dar a imagem que o termo cátaro hoje possui. Para eles, os hereges medievais eram seres

---

antihérétique dans les pays du Rhin et de la Meuse avant l'Inquisition. Paris: Institut d'Études Augustiniennes, 2006, p. 211. Nessa obra é analisado muito pormenorizadamente o começo do uso da denominação de "cátaro" por parte dos polemistas católicos.

[14] HIPONA, Agostinho de. *De Haeresibus.* Patrologia Latina. Livro 46. t. 42. Coleção 36, apud THOUZELLIER, Christine. *Hérésie et Héretiques: Vaudois, Cathares, Patarins, Albigeois.* Roma: Edizioni di Storia e Letteratura, 1969. p. 26 (Agostinho considera no seu livro que existe um ramo dos maniqueus cujos membros se denominam "cataristas").

[15] SEVILHA, Isidoro de. *Etimologias.* Livro 8 [no final desse artigo Isidoro faz um trocadilho entre "mundano" e "mundo", sendo esta última palavra o contrário, em latim, de "imundo" (N.T.)].

orgulhosos, astutos, perniciosos, que enganavam com a sua hipócrita pureza e com os seus raciocínios inspirados pelo diabo mesmo as pessoas letradas.

Os próprios cátaros ou seus seguidores nunca utilizaram essa descrição pejorativa, que não concorda com o conceito atual. Eles chamavam-se simplesmente "cristãos" ou "verdadeiros cristãos" para distinguirem-se dos seguidores da "falsa Igreja romana". E a gente do povo conhecia-os por "bons homens" e "boas mulheres".

A própria palavra "perfeito" é um termo utilizado sobretudo pelos inquisidores católicos para designar quem tinha recebido o *consolament,* distinguindo-os assim dos que eram apenas "crentes". Em seu *Manual do Inquisidor,*[16] o monge dominicano Bernard Gui (1261–1331) define os cátaros como "maniqueus dos tempos modernos" e chama os consolados de "os perfeitos hereges" ou "hereges perfeitos".

Outra das grandes crenças amplamente difundidas acerca do catarismo — sua presumível origem oriental e, em concreto, sua ascendência bogomila — deve também ser relativizada.

Os historiadores modernos, sem negar a evidente influência da heresia bogomila oriental, consideram cada vez em maior medida que a filiação oriental do catarismo não passou de uma estratégia utilizada pela Igreja romana para colocar a "origem do mal" fora de seu território e poder, assim, lutar com maior eficácia contra a heresia, como se um elemento externo tivesse infectado o Ocidente. Ao qualificar as doutrinas cátaras como ideias estrangeiras, que invadiam e substituíam sua própria doutrina, a Igreja apresentava-se como salvadora da "vinha do Senhor". Recordemos que, durante esse tempo, o papado romano se consolidava como centro da universalidade católica

[16] GUI, Bernard. *Manuel de l'Inquisiteur.* Paris: Librairie Ancienne Honoré Champion, 1926. p. 11–12. t. 1.

e tinha de fazer valer a pureza de sua linhagem cristã face aos desvios da ortodoxia oriental.

Quando analisamos em detalhe o surgimento desses primeiros grupos heréticos medievais, erroneamente chamados de "cátaros", descobrimos que sua ascendência está muito mais enraizada no Ocidente do que os polemistas da época quiseram mostrar. Lê-se na obra de Uwe Brunn:

> Na Renânia, a heresia emergia do contexto de uma reforma canônica aberta ao mundo laico. O principal produto dessa reforma era a proliferação nas zonas rurais de comunidades de clérigos rodeados de laicos, que se tinham reunido para seguir o mais estritamente possível o modelo apostólico; contudo, algumas delas já não tinham nenhum laço com a hierarquia eclesiástica.
>
> A partir do momento em que apareceram e começaram a atuar nas cidades, esses grupos confrontaram-se com os capítulos seculares e não reformados devido à sua crítica severa à forma de vida tradicional dos clérigos. As primeiras acusações de heresia foram lançadas por esses capítulos, a fim de reduzir a oposição que sofriam.[17]

Segundo essa interpretação, o catarismo surgiu de maneira natural na Europa ocidental, fruto do impulso espiritual de muitas pessoas que, de maneira simultânea e em diversos territórios, se agruparam para viver uma vida evangélica coerente com os ensinamentos das Escrituras.

A importância do movimento cátaro deve-se mais à rápida difusão de sua ética cristã do que à sua originalidade ou à sua profundidade de pensamento. Em muito pouco tempo, o fogo

[17] BRUNN, Uwe. *Des contestataires aux "cathares". Discours de réforme et propagande antihérétique dans les pays du Rhin et de la Meuse avant l'Inquisition.* Paris: Institut d'Études Augustiniennes, 2006. p. 105.

de um cristianismo mais depurado e mais concordante com a mensagem do Novo Testamento inflamou-se no coração de homens e mulheres de toda a Europa.

Como diz Anne Brenon:

> De fato, no contexto do reformismo cristão, o catarismo e o bogomilismo apresentam-se primeiro como prática religiosa, uma vontade de conformidade ao modelo de vida dos apóstolos, uma ideia de retorno às fontes da Igreja primitiva. Como corolário, a reivindicação de constituir a verdadeira Igreja dos Apóstolos, a única verdadeira Igreja cristã face à Igreja romana infiel. Além disso, a vontade de justificar essa identificação por recurso à autoridade única das Sagradas Escrituras, essencialmente, as do Novo Testamento.
>
> Estamos longe das velhas teses de uma invasão de maniqueus orientais no Ocidente medieval. A marca distintiva da verdadeira Igreja cristã, afirmada claramente pelos textos cátaros — os três rituais e os dois tratados encontrados até agora —, é a fidelidade absoluta aos preceitos dos evangelhos e a rejeição de todas as invenções posteriores da instituição romana em matéria de dogmas, de liturgia ou de sacramentos.[18]

Assim, pois, uma análise das fontes originais conservadas, tanto católicas como cátaras, permite-nos concluir que os vários grupos cátaros desconheciam ou, pelo menos, não usaram na construção de seu pensamento, os textos maniqueus; que não houve uma unidade doutrinal absoluta entre esses grupos de hereges medievais, os quais possuíam peculiaridades próprias em cada território; que o movimento bogomilo não esteve na origem desses catarismos ocidentais, muito embora ele deva

[18] BRENON, Anne. *Les Archipels Cathares.* Castelnaud-la-Chapelle: L'Hydre, 2003. p. 88–89.

ser considerado uma corrente irmã; e que a fonte fundamental sobre a qual eles edificaram seus ensinamentos foram as Sagradas Escrituras em suas versões ocidentais.

No fim das contas, parece plausível pensar-se que a origem dos cátaros surgiu da necessidade de viver um cristianismo neotestamentário apostólico, nascido dentro da própria tradição ocidental, mistura de helenismo neoplatônico, joanino e paulino que procura, na interpretação espiritual das Sagradas Escrituras, um caminho de salvação por meio da purificação, mediante uma prática de vida exemplar, e a entrada no reino dos céus, pela recepção do Espírito Santo apostólico.

É isso o que declara aos inquisidores uma crente da cidade de Cordes (na região do Tarn, Occitânia), por volta de 1270:

> Os irmãos pregadores e menores e os clérigos não possuem a verdade. Nada tem valor salvo o Evangelho de João.[19]

[19] DOAT 25, fº 57r, apud DUVERNOY, Jean. *La Religion des Cathares.* Toulouse: Privat, 1976. p. 30.

2. A tradição evangélica do catarismo

A doutrina cristã não é como uma legislação que, introduzida à força, transforma imediatamente a vida humana. O cristianismo constitui uma nova concepção de vida, diferente das anteriores, suprema. Essa nova concepção não pode ser imposta, somente pode ser assimilada em toda a liberdade.

Essa nova concepção de vida somente pode ser assimilada livremente por meio de dois caminhos: o caminho espiritual, interior, e o da experiência, exterior.[1]

Liev Tolstói, *O reino de Deus está em vós*

SE HÁ UM ELEMENTO que ressalta da leitura dos poucos textos originais cátaros conservados, esse elemento é a profusa utilização de citações bíblicas, tanto do Antigo como do Novo Testamento, com o fim de dar argumentos a seus ensinamentos e fundamentar suas conclusões.[2]

O uso frequente dos textos bíblicos em seus escritos é uma prova importante da sua filiação cristã. Sabemos ainda por essas citações que as Bíblias utilizadas são, em sua maior parte, de origem ocidental. Samuel Berger não hesita em atribuir origem

---

[1] TOLSTÓI, Liev. *El Reino de Dios está en vosotros.* Barcelona: Editorial Kairós, 2011. p. 219.

[2] DUVERNOY, Jean. *La Religion des Cathares.* Toulouse: Privat, 1976. No seu livro, o autor dedica um apêndice completo (p. 120–133) a fim de listar as citações bíblicas que aparecem em dois dos textos cátaros, em dois livros dos polemistas e no registro da Inquisição de Jacme Fournier. Um estudo mais profundo das citações bíblicas nas fontes originais poderia, sem dúvida, mostrar-nos com mais clareza as principais linhas de pensamento seguidas por eles.

ibérica à família de textos bíblicos medievais do Languedoque,[3] à qual pertence o Novo Testamento occitano conservado em Lyon e que contém o primeiro ritual do *consolament* cátaro encontrado. Jean Duvernoy, que também torna patente a origem hispânica desse texto, é da mesma opinião.[4]

Tenhamos presente que se encontram na Espanha algumas das Bíblias mais antigas conservadas no mundo latino, muitas delas de origem visigótica ariana. Em algumas delas encontram-se até os cânones do herege Prisciliano[5] no início das Epístolas de Paulo. Existe, pois, uma longa tradição de estudo dos textos bíblicos no Ocidente, nem sempre totalmente coincidente com a Vulgata latina.

Os cátaros, junto com os valdenses, foram os primeiros cristãos que traduziram os textos sagrados para a língua vernácula, para que a população laica pudesse lê-los diretamente. Eles pretendiam, assim, tornar acessíveis os textos do cristianismo sem a necessidade de intermediários, pois pensavam que essa espiritualidade não devia ser imposta nem interpretada como uma norma exterior, mas compreendida de maneira inteligente por todos e levada à prática por convicção interior própria.

Como sabemos, uma das primeiras medidas tomadas com o nascimento da Inquisição no Concílio de Toulouse em 1229, foi a proibição da posse das Sagradas Escrituras aos laicos, mesmo que estivessem em latim. É o que diz categoricamente o cânon 14 desse concílio:

> Os laicos ficam proibidos de possuir os livros do Antigo ou do Novo Testamento, salvo um saltério, ou um breviário, ou as horas

---

[3] BERGER, Samuel. "Les Bibles Provençales et Vaudoises". *Romania,* Paris, 1889, t. 17, p. 355.

[4] DUVERNOY, Jean. *La Religion des Cathares.* Toulouse: Privat, 1976. p. 32–33.

[5] BERGER, Samuel. *Histoire de la Vulgate pendant les premiers siècles du Moyen Âge.* Paris: Librairie Hachette, 1893. p. 8–28.

> da virgem; também não lhes é permitido ter esses dois últimos livros traduzidos em língua comum.[6]

Ainda mais explícito é o decreto promovido no Concílio de Tarragona de 1234, em que se faz referência a textos traduzidos em romanço. Nele é estabelecido:

> Estabelecemos que ninguém tenha livros do Antigo ou do Novo Testamento em romanço. Se alguém os tiver, que os entregue no prazo de oito dias após a publicação desta constituição ao bispo local para serem queimados. Se o não fizer, quer seja clérigo, quer laico, será considerado suspeito de heresia até ser purgado.[7]

Encontramo-nos aqui perante duas posições — a católica e a cátara — claramente opostas no que diz respeito à forma e aos meios de difundir a mensagem evangélica.

Por um lado, a Igreja romana não é capaz de conceber o fato religioso à margem de sua dogmática: considera-se a única e verdadeira herdeira do cristianismo e, portanto, a única legitimada para interpretar as Sagradas Escrituras e servir de mediadora entre o divino e o humano. Ela pretende, dessa maneira, exercer um controle real e efetivo sobre as consciências no seio da sociedade medieval.

A mensagem evangélica é entendida por ela como um fato temporal, histórico. No início dos tempos, a humanidade separou-se do guia divino. Depois de errar pelo mundo durante um longo período de tempo, apareceu o Cristo, o verdadeiro

---

[6] PELTIER, Ad.-Ch. *Dictionnaire Universel et Complet des Conciles.* Paris: J.-P. Migne, 1847. t. 2, p. 1017.

[7] GONZALBO I BOU, Gener (ed.). *Constitucions de Pau i Treva: Les Constitucions de Pau i Treva de Catalunya: segles XI-XIII.* Barcelona: Generalitat de Catalunya, Departament de Justícia, 1994, apud GRAU, Sergi. *Cátaros e Inquisición en los Reinos Hispánicos (siglos XII–XIV).* Madrid: Ediciones Cátedra, 2012. p. 299.

Filho de Deus, para salvar a humanidade. Seu instrumento de salvação foi a criação de uma instituição, a Igreja, por meio da qual os seres humanos podiam encontrar de novo um caminho de santificação que lhes permitiria, ao morrer, subir ao céu. Bastava seguir os passos que a Igreja, como representante apostólica, lhes indicava.

Por outro lado, surge com grande força um impulso espiritual muito profundo que apela a uma renovação do cristianismo desde a sua própria base, procurando nas raízes dos primeiros tempos, nos evangelhos e nas epístolas apostólicas, a mensagem de salvação cristã.

Não se trata, nesse caso, de recuperar um costume histórico, de procurar uma legitimidade temporal, um verdadeiro representante terreno do cristianismo; trata-se de achar nos textos das Sagradas Escrituras uma ressonância interior, uma convicção profunda, que espiritualize a vida humana. Para esse segundo grupo, a instituição em si mesma é secundária, o importante é a experiência interior, e, por isso, sua Igreja é entendida fundamentalmente como uma comunidade de pessoas que vivem essa experiência interior.

Na pregação sobre "A Igreja de Deus", oficiada por um ancião antes do *consolament*, e contida num dos manuscritos cátaros de Dublin, lemos:

> Essa Igreja não é de pedra, nem de madeira, nem de nada que seja feito por mão humana, pois está escrito em Atos dos Apóstolos (At 7:48) que "o Altíssimo não mora em casas feitas por mãos humanas". Essa santa Igreja é a assembleia dos fiéis e dos santos, na qual se acha Jesus Cristo, e manter-se-á até o fim dos séculos.[8]

---

[8] NELLI, René. *Écritures Cathares.* Mônaco: Éditions du Rocher, 1995. p. 274.

Essas comunidades evangélicas heréticas faziam clara diferença entre o espírito e a letra. Para elas, os dogmas e as interpretações da Igreja oficial eram palavras ocas, somente "a lei do Espírito Santo escrita no homem interior" tinha valor. Assim, quando foram interrogados sobre sua heresia (1022), os cônegos de Orléans responderam ao bispo de Beauvais:

> Podes explicar isso aos que gostam das coisas terrestres e creem nas invenções dos homens carnais, escritas em peles de animais. Para nós, que temos a lei escrita pelo Espírito Santo no homem interior e somente sabemos o que aprendemos com Deus, criador de todas as coisas, proferes em vão palavras inúteis e estranhas às coisas divinas.[9]

A mesma ideia de "homem interior" é dada séculos mais tarde pelo inquisidor Bernard Gui (1261/62–1331) quando fala da crença dos cátaros sobre o verdadeiro significado da ressurreição dos mortos:

> Negam, também, a ressurreição futura dos corpos humanos e, no máximo, imaginam corpos espirituais e um homem interior; é deste último e nesse sentido que dizem que a ressurreição vindoura deve ser entendida.[10]

Esse impulso espiritual cristaliza-se em numerosos grupos e movimentos, em vozes dissidentes dentro e fora da hierarquia romana. É tanta a diferença entre o conteúdo dos evangelhos e as ações da Igreja romana que muito em breve surgem as críticas.

---

[9] GÉRARD. *Cartulaire de l'abbaye de Saint-Père de Chartres.* Paris, 1840, apud DUVERNOY, Jean. *L'Histoire des Cathares.* Toulouse: Privat, 1979. p. 88.

[10] GUI, Bernard. *Manuel de l'Inquisiteur.* Paris: Librairie Ancienne Honoré Champion, 1926. p. 15.

No movimento cátaro, essas críticas centram-se principalmente na liturgia sacramental estabelecida pela Igreja. Na maior parte dos casos, os textos de polêmica teológica contra os cátaros não fazem mais do que argumentar a importância religiosa dos sacramentos e a perfídia dos hereges que, com enganos, tentam confundir as pessoas.

Assim, por exemplo, em seu livro contra os cátaros, Eckbert de Schönau, defende o batismo das crianças contra a opinião dos hereges, de quem afirma:

> Dizem que o batismo não é útil em nada às crianças que são batizadas, visto que não podem pedi-lo por si mesmas nem podem professar nenhuma fé.[11]

Sabemos que um dos pontos cruciais da ação da Igreja latina medieval em sua reforma gregoriana foi a paulatina implantação da liturgia sacramental. Com ela, assegurava-se um controle permanente de toda a vida da comunidade.

Batizavam-se rapidamente os recém-nascidos, recenseando-os nas paróquias, seguia-se de perto o pensamento dos fiéis mediante a confissão, declarava-se a única dispensadora do corpo e do sangue de Cristo com a eucaristia, reafirmava os seus laços com o crente mediante a confirmação, abençoava o casamento ou ungia os votos sacerdotais e monásticos e, finalmente, acompanhava o moribundo em seu transe de morte, encarregando-se de administrar a extrema-unção para que ele seguisse o bom caminho pregado por eles.

No primeiro cânon estabelecido no Quarto Concílio de Latrão (1215–1216), realizado pouco depois da Cruzada Albigense, pode

---

[11] BRUNN, Uwe. *Des contestataires aux "cathares". Discours de réforme et propagande antihérétique dans les pays du Rhin et de la Meuse avant l'Inquisition.* Paris: Institut d'Études Augustiniennes, 2006. p. 296.

ler-se uma defesa obstinada da Igreja romana, louvando o poder e a excelência dos sacramentos que ela administra:

> Há apenas uma Igreja universal dos fiéis, fora da qual absolutamente ninguém é salvo, e na qual Jesus Cristo é sacerdote e vítima, cujo corpo e sangue estão verdadeiramente no sacramento do altar sob a forma de pão e de vinho; o pão é transubstanciado no corpo de Cristo, e o vinho, em seu sangue, pelo poder divino [...] Esse mistério somente pode ser consagrado pelo sacerdote ordenado legitimamente, segundo o poder das chaves da Igreja, que Jesus Cristo outorgou aos apóstolos e a seus sucessores. Quanto ao sacramento do batismo, que é consagrado pela invocação sobre a água da Trindade individual, a saber, do Pai, do Filho e do Espírito Santo, ele procura a salvação tanto das crianças como dos adultos, quando é administrado seguindo a forma da Igreja, seja quem for seu ministro.[12]

Pode intuir-se também o valor que se dava ao sacramento da confissão católica como elemento de controle e de delação das dissidências heréticas que pudessem existir no seio de uma comunidade.

Não é por acaso que, a partir do referido Quarto Concílio de Latrão, é instituída a obrigação da confissão e da comunhão periódicas. É o que se estabelece no cânon número 13 do Concílio de Toulouse de 1229:

> Todos os adultos devem confessar-se a seu próprio sacerdote e comungar três vezes por ano, a saber, no Natal, na Páscoa e no Pentecostes, a menos que o sacerdote julgue apropriado, devido a uma causa razoável, ser melhor absterem-se durante algum

[12] PELTIER, Ad.-Ch. *Dictionnaire Universel et Complet des Conciles.* Paris: J.-P. Migne, 1847. t. 1, p. 1059.

> tempo da comunhão. Se alguém abstiver-se sem autorização do sacerdote, será suspeito de heresia.[13]

Entrementes, encontra-se no início do século XIV, no registro das visitas pastorais do bispo às paróquias de sua congregação, seu interesse em indagar sobre a conduta moral e a possível "heresia" tanto de clérigos como de leigos, e em confirmar, além disso, se os sacramentos tinham sido administrados em todas as paróquias.[14]

Por outro lado, inúmeros são os exemplos da repulsa que os cátaros sentem pelos sacramentos católicos, apresentados com uma argumentação às vezes racionalista, às vezes irônica, esforçando-se sempre por evidenciar a superstição e o embuste que se formavam à volta do culto desmesurado dos símbolos externos e ritualistas.

Na *História Geral do Languedoque,* dos beneditinos Claude Devic e Joseph Vaissette, é relatada a visita do legado pontifício à cidade de Toulouse em 1178, feita a pedido do conde Raimond V de Toulouse, com o objetivo de expulsar os hereges do condado. À chegada, ele descobre que o cabeça da seita é um dos ricos notáveis da cidade, Pèire Mauran. No decurso do interrogatório a que o submeteram, Mauran responde seca e diretamente a uma pergunta sobre o que pensava do sacramento do altar: "o pão consagrado pelo ministério do sacerdote não é o corpo de Cristo".[15]

---

[13] PELTIER, Ad.-Ch. *Op. cit.* t. 2, p. 1017.

[14] Ver o questionário da visita pastoral de Tortosa do ano de 1314, citado por MONJAS MANSO, Luis. *La Reforma eclesiàstica i religiosa de les diòcesis de la Tarraconense al llarg de la Baixa Edat Mitjana (a través dels qüestionaris de visites pastorals)*, 2004. Tese (Doutorado) — Universitade Pompeu Fabra, Barcelona. Disponível em: <www.tdx.cat/handle/10803/7464>. Acesso em: 28 jul. 2018.

[15] DEVIC, Claude; VAISSETTE, Joseph. *Histoire Générale de Languedoc.* Toulouse: Edouard Privat, 1879. t. 6, p. 79–80.

Na declaração do crente Géraud de Rodes, de Tarascon, feita perante o inquisidor Geoffroy d'Ablis no ano de 1308, é dito sobre o ensinamento dos "perfeitos":

> Ouvi-os dizer que a hóstia consagrada era apenas pão e que, se os deixassem, os ratos a comeriam. Por conseguinte, esses hereges afirmavam que os ratos comeriam o corpo de Cristo, uma vez que a hóstia era o corpo de Cristo.[16]

E pela mesma época, o perfeito Guilherme Belibasto explica a Pèire Maurí, em Morella:

> Não vês o que fazem os da Igreja romana? Eles mostram o pão e o comem, dizendo: "É o corpo de Deus", e, no entanto, não passa de pão. Nós chamamos simplesmente pão abençoado ao pão que abençoamos, os da Igreja romana chamam-no de corpo de Deus... O nosso pão é o mesmo que o deles, mas nós dizemos a verdade quando afirmamos que o pão que abençoamos é pão abençoado, enquanto que eles mentem dizendo que seu pão abençoado é o corpo de Cristo... Não vês que o comem? Se fosse Deus, não poderiam comê-lo, e não é conveniente que Deus passe por lugares tão vergonhosos como corpos humanos. Depois de ter sido comido não valeria nada. Se fosse uma grande montanha, como a montanha de Morella, somente os curas já a teriam comido toda.[17]

E na sentença de Bernard Gui, de 3 de março de 1308, contra a herege Etiennette de Proualt, é claramente descrito:

---

[16] PALES-GOBILLIARD, Annette (éd.). *L'Inquisiteur Geoffroy d'Ablis et les Cathares du Comté de Foix (1308–1309).* Paris: Éditions du Centre National de la Recherche Scientifique, 1984. p. 105.

[17] DUVERNOY, Jean (éd.). *Le Registre d'Inquisition de Jacques Fournier (Évêque de Pamiers) 1318–1325.* Paris: Claude Tchou, 2004. v. 3, p. 970.

> De maneira repreensível, negas, renegas e condenas, em sua totalidade, os sete sacramentos de nossa salvação, pelo erro da impiedade herética. A saber, o batismo feito na água corporal e efetuado sobre as crianças. Igualmente, o sacramento do corpo sagrado e do sangue do Senhor Jesus Cristo, pelo pão e pelo vinho sobre o altar. E a confissão dos pecados aos sacerdotes da Igreja romana, que afirmas não poderem salvar nem ligar. Do mesmo modo, segundo a doutrina desses hereges, defendes que o sacramento do matrimônio carnal não pode realizar-se nem existir sem pecado. Criticas nossas ordens sagradas e blasfemas contra elas, preferindo a pérfida e sacrílega ordem dos hereges. Disseste que a extrema-unção para os enfermos, realizada com óleo material, não vale nada, preferindo a execrável imposição de mãos que eles denominam batismo espiritual, *consolament*, recepção ou bom fim.[18]

Também na sentença de Bernard Gui contra o perfeito herege Amiel de Perles, dada no ano de 1309, é claramente expressa a rejeição dos hereges cátaros aos sacramentos e à autoridade da hierarquia da Igreja católica:

> O referido Amiel, como herege convicto, sustenta e observa já há muitos anos, e mantém ainda hoje, que professa ter a vida, a seita e a fé, ou melhor, a perfídia, desses homens que a sacrossanta Igreja romana persegue, condena e denomina hereges perfeitos ou consolados, ou melhor, desolados; que [...] caricaturizam e afirmam serem ímpios, sem valor e vãos todos e cada um dos sacramentos da Igreja, a saber, a eucaristia e o sacramento do altar, e o batismo de água corporal, e a confirmação e a ordenação, e a extrema-unção; e condenam o matrimônio carnal, dizendo

[18] PALES-GOBILLIARD, Annette (éd.). *Le Livre des Sentences de l'Inquisiteur Bernard Gui (1308–1323)*. Paris: Éditions du Centre National de la Recherche Scientifique, 2002. v. 1, p. 195.

> que Deus não o instituiu; e dogmatizam que a totalidade da hierarquia da Igreja romana, com todos os seus graus, não tem nem mantém a fé de nosso senhor Jesus Cristo.[19]

Havia algum sacramento instituído no seio do catarismo? Os cátaros somente outorgavam um sacramento, o *consolament,* que consideravam ser o único sacramento que Cristo dera aos apóstolos: o batismo de fogo de Pentecostes, por meio do qual os apóstolos diziam receber o Espírito Santo.

No entanto, para eles esse sacramento não era um simples rito de passagem exterior, entendiam-no como parte integrante de todo um ensinamento espiritual cujo objetivo era a transformação do ser humano.

Um ritual de *consolament,* encontrado na biblioteca do convento de pregadores de Florença, explica o significado do pão "suprassubstancial", do corpo e do sangue de Cristo, em uma prédica sobre o sentido espiritual da oração do pai-nosso.

Para o catarismo, esse "mistério" deve ser interpretado de maneira mais racional ou, melhor, em sentido mais alegórico:

> Sobre esse pão, segundo a nossa fé, está escrito no Evangelho do bem-aventurado Mateus: "E, quando comiam, Jesus tomou o pão", isto é, os preceitos espirituais da lei e dos profetas, "e, abençoando-o," isto é, fazendo seu elogio e confirmando-o, "o partiu", isto é, explicou seu sentido espiritual, "e o deu aos seus discípulos", isto é, encarregou-os de observá-los espiritualmente, e disse: "tomai", isto é, conservai-os, "comei", isto é, pregai-os aos outros.[20]

O "pão" é aqui considerado "o ensinamento cristão", explicado

[19] Ibid., p. 327–333.

[20] THOUZELLIER, Christine. *Rituel Cathare.* Paris: Les Éditions du Cerf, 1977. p. 209.

aos discípulos para que o observem espiritualmente e assimilem interiormente, e o preguem, por sua vez, aos outros.

> Nesse mesmo sentido, foi dito ao bem-aventurado João, o evangelista: "Toma-o [o livro] e devora-o", etc. "E [o anjo] disse-me: é necessário que ainda profetizes a muitos povos, e nações, e línguas, e reis" [...] Aqui Jesus fala do pão: "Isto é o meu corpo"; anteriormente tinha dito: "E o pão que eu vos darei é a minha carne para a vida do mundo". Na realidade, quando diz: "este é o meu corpo" ou "a minha carne", ele refere-se aos preceitos da lei e dos profetas entendidos espiritualmente, como se dissesse: eu estou neles, eu moro neles. Por isso, na Primeira Epístola aos Coríntios, o apóstolo diz: "o cálice da bênção que abençoamos, não é a comunhão do sangue de Cristo? O pão que partimos não é a comunhão no corpo de Cristo? Porque nós, embora muitos, somos unicamente um pão, um só corpo; porque todos participamos do único pão, de um único cálice, isto é, num só pensamento espiritual: o da lei, dos profetas e do Novo Testamento".[21]

O corpo, a carne e o sangue de Cristo são os preceitos da lei e dos profetas, os ensinamentos evangélicos que contêm em si mesmos todos os elementos de que o discípulo necessita para converter-se em verdadeiro cristão, membro da comunidade de Cristo, vivificado por um mesmo pensamento espiritual. Esse conhecimento, outorgado como pão espiritual, é o verdadeiro alimento renovador do ser.

> E diz ainda: "Recebi do senhor Jesus o que vos transmiti, a saber, que Jesus, o Senhor, na noite em que foi entregue, tomou o pão e, dando graças, partiu-o e disse: 'Tomai, comei, isto é o meu corpo, que é dado por vós', como se dissesse: Estes preceitos espirituais

---

[21]THOUZELLIER, Christine. *Rituel Cathare.* Paris: Les Éditions du Cerf, 1977. p. 209–211.

> das antigas escrituras são o meu corpo, vós os entregareis ao povo, fazei isto em memória de mim'. Igualmente tomou o cálice, depois da ceia, dizendo: 'Este cálice é a nova aliança no meu sangue, fazei isto, todas as vezes que o beberdes, em memória de mim'. É este o sentido da expressão 'pão suprassubstancial'".[22]

Assim, para o catarismo, o mistério da transubstanciação não é alimentar-se de um corpo divino, é receber os ensinamentos divinos, observá-los, conservá-los e pregá-los, dando o exemplo com um comportamento novo. Não se trata de comer o corpo de Cristo, trata-se de converter-se no próprio Cristo, seguindo os seus ensinamentos. É o que diz Eckbert de Schönau:

> Chamam corpo de Cristo à sua própria carne, dizem que, ao alimentar seus corpos em suas refeições, eles transformam-se no corpo de Cristo.[23]

Na gênese e no desenvolvimento da heterodoxia cátara, nós encontramos, portanto, uma visão diferente da do cristianismo oficial. Face à construção doutrinal e dogmática do cristianismo romano, onde primava a obediência cega à autoridade, o catarismo construiu uma via de salvação cristã baseada na prática de vida evangélica em sua pureza original. É a prática, o comportamento de vida, que torna "cristão" um ser humano, não a fé em dogmas ou a adesão a determinada Igreja exterior.

Como diz Raoul Manselli:

> No catarismo, o renascimento do espírito evangélico teve um alcance particular, pois conseguiu inspirar todo o movimento

[22] Ibid., p. 211–213.

[23] BRUNN, Uwe. *Des contestataires aux "cathares". Discours de réforme et propagande antihérétique dans les pays du Rhin et de la Meuse avant l'Inquisition.* Paris: Institut d'Études Augustiniennes, 2006. p. 308.

> herético. Os mitos formaram uma parte importante, que, sem dúvida, é necessário estudar e interpretar [...] Mas, pelo que podemos concluir, segundo parece, não eram o aspecto essencial, e sim o evangelismo e sua tradução na prática de vida, chegando a recuperar o valor primitivo e salvador do martírio.[24]

De fato, essa tradição evangélica culmina com a percepção de que o verdadeiro cristianismo evangélico acaba sempre por ser combatido pelas instituições de poder neste mundo e conduz, em muitos casos, ao martírio dos verdadeiros "cristãos". Pois essas instituições veem nessa via, que propugna um desapego paulatino das coisas deste mundo, um verdadeiro ataque aos alicerces sociais em que se apoiam.

É o que descreve o notário herege de Ax-les-Thermes, Pèire Autier (por volta de 1245–1310), o último grande pregador cátaro do Ariège queimado na fogueira em 1310, ao pastor Pèire Maurí, antes de este exilar-se definitivamente na Espanha, em 1305:

> Vou dizer-te a razão por que nos chamam hereges: é porque o mundo nos odeia, e não é de maravilhar-se que o mundo nos odeie (1 Jo 3:13), pois também odiou nosso Senhor, a quem perseguiu, bem como a seus apóstolos. Somos odiados e perseguidos devido à sua lei, que guardamos firmemente. Os que são bons e querem conservar uma fé constante deixam-se crucificar e lapidar quando caem em poder de seus inimigos, como aconteceu com os apóstolos, e não querem renegar uma única palavra da fé constante que guardam.[25]

Para o bom homem e para a boa mulher cátaros, o importante

---

24 MANSELLI, Raoul. "Evangélisme et mythe dans la foi cathare". *Heresis.* Carcassone, n. 5, p. 14, 1985.

25 DUVERNOY, Jean. *Le Registre d'Inquisition de Jacques Fournier (Évêque de Pamiers) 1318–1325.* Paris: Claude Tchou, 2004. v. 3, p. 924.

era o esforço por levar à prática uma vida plenamente evangélica, tal como descrita no Sermão da Montanha. Sem essa prática de vida, nenhum ritual, nenhum sacramento, nem sequer o *consolament* que eles outorgavam, podia salvar o ser humano.

São bastantes os documentos originais onde é manifesto que, segundo os cátaros, não basta ter recebido o *consolament* para tornar-se um ser humano "perfeito". Esse sacramento deve ser acompanhado por um comportamento exemplar. Caso contrário, o consolado perde a força espiritual que lhe foi outorgada, e as consolações que tiver dispensado tornam-se totalmente inválidas. Raynier Saconni, membro da ordem dos pregadores e antigo cátaro, explica:

> Essa dúvida dá a todos os cátaros preocupação com o perigo de sua alma. Por exemplo, se seu prelado e, sobretudo, se seu bispo tiverem cometido um pecado mortal às ocultas, o que, noutros tempos, foi o caso de muitos deles, então aqueles a quem impuseram as mãos foram enganados e estarão perdidos se morrerem nesse estado. Para evitar esse perigo, em algumas Igrejas cátaras, salvo uma ou duas, recebia-se o *consolament* uma segunda vez, e às vezes uma terceira vez.[26]

Daí que, para eles, o que era verdadeiramente importante não era a instituição que pudessem constituir, nem sequer os ensinamentos que pregavam, em muitos casos plurais e distintos, mas sobretudo a formação de uma comunidade de homens e mulheres que vivessem segundo os preceitos evangélicos, de uma maneira honesta, reta e autêntica, com plena consciência de seu homem interior.

---

[26] Veja-se em DUVERNOY, Jean. *Catharisme, hérésies médiévales et inédits.* Disponível em: <jean.duvernoy.free.fr>. Acesso em: 28 jul. 2018.

3. A cosmogonia cátara

Quando se perguntou a Pèire Garcias se aquele que foi colocado na cruz tinha feito essas coisas visíveis, respondeu que não, pois era soberanamente bom, e nada nessas coisas visíveis é bom. Portanto, ele não fez nada dessas coisas. Quanto à passagem: "Nele foram criadas todas as coisas que estão nos céus e na terra, visíveis e invisíveis", disse que isso se devia interpretar: "visíveis ao coração e invisíveis aos olhos carnais".[1]

Declaração de Pèire Garcias perante o inquisidor

Uma das fontes originais mais interessantes para o estudo e a compreensão do catarismo é o *Registro da Inquisição de Jacme Fournier*,[2] porque nele estão coligidos numerosos detalhes históricos que permitem a reconstituição da imagem de um florescimento tardio do catarismo, com coloridas descrições de seu pensamento.

Jacme Fournier (1280–1342), bispo de Pàmias [Pamiers] e futuro papa Bento XIII (1334–1342), foi encarregado de realizar uma intensa inquisição nas terras do condado de Foix, a fim de perseguir os numerosos seguidores dos irmãos Autier, Pèire e Guilhèm, e de Jacme, filho do primeiro, que tinham revivificado a Igreja cátara nas terras pirenaicas, depois de regressarem da Itália, onde tinham recebido o *consolament*.

---

[1] DOUAIS, Célestin. *Documents pour servir à l'Histoire de l'Inquisition dans le Languedoc.* Paris: Librairie Honoré Champion, 1900. t. 2, p. 92.

[2] DUVERNOY, Jean. *Le Registre d'Inquisition de Jacques Fournier (Évêque de Pamiers) 1318–1325.* Paris: Claude Tchou, 2004. 3 v.

Entre as numerosas declarações que o registro contém há algumas especialmente interessantes para o estudo do catarismo no Reino de Aragão. São os interrogatórios feitos ao grupo de crentes que viviam em Morella, em torno do perfeito Guilherme Belibasto, levados a cabo primeiro em Lleida, depois em Barcelona e, por fim, na Occitânia. Concretamente, as declarações dos irmãos Maurí, Joan e Pèire, por sua extensão, têm importância especial. Elas permitem reconstituir o quadro essencial do mito cátaro da criação do mundo e da queda da humanidade.

Joan Maurí diz:

> Ouvi o herege Guilherme Belibasto dizer que há dois deuses, a saber, o deus mau, que designava por deus estrangeiro; embora se chamasse a si mesmo deus, mas não o era: apenas fazia o mal, para assim retardar o momento em que as almas chegariam à salvação; e que havia outro Deus, bom, a quem chamava apenas Pai dos bons espíritos.[3]

É importante ressaltar aqui que esses dois deuses não são apresentados como iguais, nem nascem de dois princípios idênticos e contrapostos. O que eles chamam "deus estrangeiro" é, na realidade, um deus inferior ao verdadeiro Deus e apenas pode atrasar a salvação das almas. E continua:

> Dizia também que tudo o que existe, com excepção dos espíritos, é da terra e voltava à terra; e que somente os bons espíritos voltariam a Deus, porque Deus os havia feito. Segundo essa ideia, o deus bom somente fez os bons espíritos, e o deus mau ou deus estrangeiro teria feito todo o resto.[4]

---

[3] DUVERNOY, Jean. *Le Registre d'Inquisition de Jacques Fournier (Évêque de Pamiers) 1318–1325*. Paris: Claude Tchou, 2004. p. 884.

[4] Ibid., p. 884.

Explica-se aqui, de maneira sucinta, a dualidade dos mundos segundo a concepção cátara.

Para o pensamento cátaro, existem duas realidades de vida, dois universos completamente distintos: por um lado, o espiritual, criado pelo Pai Santo, e, por outro, o terrestre, criado pelo deus estrangeiro.

Isto é confirmado pelo *Tratado Anônimo,* escrito provavelmente no início do século XIII e conservado na obra de Durand de Huesca, *Liber contra Manicheos,*[5] que diz:

> Contudo, como são muitos os que praticamente não acreditam no outro mundo e nas outras coisas criadas que não estas, vãs e corruptíveis, que se veem neste mundo perverso e que sem dúvida voltarão ao nada, tal como vieram do nada, nós em verdade afirmamos que existe outro mundo e que há outras criaturas incorruptíveis e eternas, sobre as quais repousam a nossa fé e a nossa esperança.[6]

O ser humano, tal como o conhecemos, é, pois, para os cátaros, um ser duplo em sentido hermético: por um lado, terrestre e corruptível, e, por outro lado, espiritual e eterno. No tratado hermético *Asclépio,* texto já conhecido dos filósofos medievais do Ocidente, pode ler-se o seguinte:

> O homem é o único ser vivo de natureza dupla. Uma de suas partes é simples, os gregos denominam-na "essencial", e nós, "forma à semelhança divina". A outra parte é quádrupla, os gregos

[5] THOUZELLIER, Christine. *Un Traité Cathare Inédit du début du XIIIè siècle d'après le Liber Contra Manicheos de Durand de Huesca.* Louvain: Publications Universitaires de Louvain, 1961; ______. *Une Somme Anti-Cathare, Le Liber Contra Manicheos de Durand de Huesca.* Louvain: Specilegium Sacrum Lovaniense, 1964.

[6] ZAMBÓN, Francesco. *El Legado Secreto de los Cátaros.* Madrid: Editorial Siruela, 1997. p. 144.

> denominam-na "material", e nós, "mundana". Foi dela que foi feito o corpo.[7]

Como é que os cátaros viam a origem dessa dualidade no ser humano? Joan Maurí diz-nos, um pouco mais tarde, em sua declaração:

> Ouvi meu pai dizer que os espíritos e as almas foram feitos no céu pelo Pai Santo dos bons espíritos e que estava ali com ele o bem sem mal algum, e não tinham nenhum pecado. Vendo isso, o deus mau, ou diabo, pôs-se atrás da porta do paraíso e ficou lá trinta e dois anos; não podia entrar.[8]

Antes de continuar com a declaração do crente cátaro, talvez nos interroguemos neste ponto: de onde provém esse "deus mau". A aparição do "mal" em cena não indicará a possibilidade da existência de dois princípios absolutos e mutuamente exclusivos, como afirma o maniqueísmo, ou tratar-se-á de um princípio único que, devido a causas desconhecidas, estabelece duas realidades?

Segundo o livro *Interrogatio Johannis,* procedente da tradição bogomila e igualmente conhecido do movimento cátaro,[9] existe um único princípio e um desenvolvimento dualista com base no mito de Lúcifer como anjo caído. Nessa obra, João interroga Jesus sobre a condição de Satanás, antes da queda:

> E ele disse-me: "Era tal sua glória que governava as potências dos

---

[7] NEBOT, Xavier Renau (ed.). *Textos Herméticos.* Madrid: Editorial Gredos, 1999. p. 436.

[8] DUVERNOY, Jean. *Le Registre d'Inquisition de Jacques Fournier (Évêque de Pamiers) 1318–1325.* v. 3, p. 885–886.

[9] Havia um manuscrito desse documento no Arquivo da Inquisição de Carcassone. Esse exemplar serviu de base à cópia que se encontra atualmente na Biblioteca Municipal de Dôle e no tomo 36 da coleção Doat, da BnF.

> céus [...] Satanás era o intendente de todos os que imitam o Pai. Descia do céu ao inferno, e subia dos infernos ao trono de Pai invisível, e vigiava a glória que se encontrava em todos os céus. E concebeu a ideia de elevar seu trono acima das nuvens dos céus e quis ser semelhante ao Altíssimo" [Versão de Dôle].[10]

Mas voltemos ao interrogatório contido no registro de Jacme Fournier. Joan Maurí continua a explicar:

> Depois [o diabo] entrou no paraíso e introduziu com ele uma bela mulher; e quando estava entre os bons espíritos que Deus, o Pai dos bons espíritos, tinha feito, disse-lhes que lhes daria esposas desse gênero, que eles amariam muito, e que elas os amariam, e que com um pássaro tomariam outro, e com uma besta outra; que haveria uns que seriam reis; outros, condes; e outros, imperadores; outros, senhores dos outros homens; e que lhes daria o bem e o mal, se acreditassem nele e fossem com ele. E prometeu-lhes todos os bens deste mundo.[11]

Segundo o catarismo, o "deus mau" tenta seduzir os bons espíritos por meio do desejo, da sede de posses e de riquezas das coisas deste mundo.

> Alguns desses espíritos acreditaram no diabo e estiveram de acordo com ele. Outros recusaram acreditar e estar de acordo; outros, enfim, não se opuseram expressamente, nem creram ou consentiram expressamente, apenas se aproximaram dessa desordem. O diabo começou, então, a voltar-se contra Deus, assim como os espíritos que tinham acreditado nele, e disse

[10] BOZÓKY, Édina. *Le Livre Secret des Cathares. Apocryphe d'origine bogomile.* Paris: Beauchesne, 1980. p. 45.

[11] DUVERNOY, Jean. *Le Registre d'Inquisition de Jacques Fournier (Évêque de Pamiers) 1318–1325*. v. 3, p. 886.

> que era deus. O Pai dos bons espíritos respondeu-lhe que ele era um deus estrangeiro.
>
> O diabo fez então um céu de vidro e subiu a esse céu com todos os que tinham acreditado nele, e também com a mulher. Então esse céu partiu-se, e eles caíram, tanto o diabo como os espíritos que tinham acreditado nele, e não apenas esses, mas também os que se tinham aproximado dessa desordem.[12]

A imagem do diabo, ou Satanás, é profusamente utilizada na Idade Média. Serve para artistas, filósofos e teólogos expressarem o mito da queda da humanidade, a fim de que se possa compreender, de maneira simples, porque é que o mal existe no mundo. No século IX, o ortodoxo Beato de Liébana já tinha produzido extensa obra apocalíptica, que descreve não somente o fim, mas também o princípio dos tempos, como se tudo fosse governado pela implacável lei do eterno retorno. Em algumas de suas imagens está essa queda da humanidade devido à ruptura do céu de vidro criado pelo diabo.

E a declaração do crente cátaro, Joan Maurí, continua:

> Dos espíritos caídos do céu com o diabo, os que tinham acreditado nele e consentido tornaram-se demônios; dentre eles, os que tinham pecado mais caíram no abismo; os que tinham pecado menos que eles caíram na terra; outros, na água; outros, no ar; e outros permaneceram perto do céu.
>
> Os espíritos que não consentiram e apenas se aproximaram dessa desordem caíram também, e foi deles que foram feitos os espíritos dos homens e das mulheres.
>
> E os que se opuseram permaneceram no céu com o Pai dos bons espíritos.[13]

---

[12] DUVERNOY, Jean. *Le Registre d'Inquisition de Jacques Fournier (Évêque de Pamiers) 1318–1325*. v. 3, p. 886.

[13] Ibid., p. 886.

É interessante verificar que, nesse texto, os seres demoníacos se distinguem muito claramente dos seres humanos. Os demônios são os espíritos que creem e seguem o deus mau. Os seres humanos, por sua vez, são os espíritos que, sem crer nem seguir o deus mau, "se aproximam da desordem que ele gerou". Sua queda, pois, segundo esse pensamento tardio do catarismo, é devido à imprudência, à inconsciência e à ignorância.

Mais à frente, é feita com mais precisão a diferença entre os dois tipos de espíritos caídos. Os demônios, por um lado, "não voltarão ao céu antes do dia do Juízo. No entanto, ninguém sabe se no dia do Juízo todos ou somente alguns deles subirão ou não ao céu, porque é um segredo de Deus".[14]

Pelo contrário, diz dos seres humanos:

> Contudo, todos os espíritos que não estiveram expressamente de acordo com o diabo, nem acreditaram nele, e apenas se aproximaram da desordem que o diabo causou, e que, de alguma forma pecaram inconscientemente, todos acabarão por ser salvos no dia do Juízo, se bem que diferentemente [...] O mundo não acabará antes de todos estarem reunidos e heretizados; quando isso acontecer, o mundo acabará. Então já não haverá sol, nem lua, nem luz alguma.[15]

Esse ponto é importante, pois confirma a visão otimista do pensamento cátaro. Todos os seres humanos acabarão por ser salvos e regressarão ao mundo divino original de onde provêm. Na realidade, não existe um inferno eterno para os que se afastam da via divina. E são apontados dois caminhos para atingir essa salvação: o caminho das experiências no mundo, que só acabará quando "todos estiverem reunidos e heretizados",

[14] DUVERNOY, Jean. *Le Registre d'Inquisition de Jacques Fournier (Évêque de Pamiers) 1318–1325*. v. 3, p. 886.

[15] Ibid., p. 886–887.

e o caminho direto, por meio da iniciação e da recepção do *consolament*.

O herege Jacme Autier, filho de Pèire Autier, explica essa mesma visão ao crente Pèire Maurí na perspectiva do Pai Santo:

> Falemos então do Pai Santo. Eis o que diz o Pai Santo: "quando entrou no meu reino, Satanás deu a entender que possuía um paraíso melhor que o meu, dizendo aos espíritos que estavam no meu reino: 'Esse senhor somente vos dá um bem: o repouso. Eu [diz Santánas] vos levarei ao meu mundo e vos darei bois, vacas e riquezas em abundância, e vos darei também esposas por companheiras; tereis as vossas casas, os vossos filhos, e possuireis mais alegria por um único pequenino, quando o tiverdes, do que por todo esse repouso que tendes aqui. Um de vós será senhor do outro, e podereis fazer e desfazer'. Os espíritos que estavam perto de Satanás disseram uns aos outros: 'Esse senhor, que nos dará tantas coisas, deve ser melhor do que o que nos dá apenas uma'. [...]
>
> [E dizia o herege]: Foi assim que os espíritos consentiram e se entusiasmaram com a sua saída do céu por um buraco que tinha sido feito nele; caíram em grande abundância, maior do que a das pontas ou picos das ervas, ou do que a das gotas de chuva.
>
> Quando se apercebeu de que metade dos espíritos já tinham saído do céu, o Pai Santo levantou-se de seu trono [...] dirigiu-se ao buraco e tapou-o com o pé, e disse:
>
> 'Digo-vos, pelos séculos dos séculos, que quem quer que se mova ou saia não terá tréguas nem repouso, pois vós, que descestes, servireis um deus estrangeiro em uma terra que não é a vossa, onde padecereis a raiva e a sarna, o mal e a aflição, no mundo estrangeiro; porque não estareis contentes com as riquezas que Satanás vos dará, por muitas que elas sejam. Quem tiver desejará mais, e não tereis trégua nem fim até regressardes ao meu reino. Porque o mundo não é uma coisa estável. Tudo o que Satanás

faz nasce e é destruído; não tem nenhuma estabilidade. Vós, filhos, ireis e vereis'".[16]

O "Deus bom" mostra aonde conduz o desejo de riquezas com que "o deus mau" seduziu o ser humano. É a cobiça sem fim que nunca está satisfeita com o que conseguiu, é a impossibilidade de encontrar repouso, equilíbrio e estabilidade. É o constante subir, brilhar e descer que caracteriza o mundo em que tudo flui constantemente, movido pelos contrários.

E, mais adiante, Pèire Maurí declara ao inquisidor:

> Continuando seu sermão, o herege [Jacme Autier] disse: "quando esses espíritos caíram do céu depois de terem seguido Satanás, vendo que ele não cumpria o que tinha prometido, arrependeram-se de ter deixado o Pai celeste e começaram a cantar o cântico dos cânticos de Sião, como costumavam fazer quando estavam com o Pai celeste.
>
> Ouvindo isso, Satanás disse-lhes: 'Ainda vos lembrais do cântico de Sião?' Responderam que sim. Disse-lhes, então, Satanás: 'Levar-vos-ei para a terra do esquecimento, onde esquecereis o que dizíeis e tínheis em Sião!' E fez-lhes túnicas, isto é, corpos da terra do esquecimento".[17]

Aqui é explicada a criação dos corpos materiais humanos, utilizando a bela imagem de "túnicas de esquecimento" para mostrar que, na realidade, esses corpos adormecem a alma, impedindo-a de lembrar-se de onde provém e tornando-a incapaz de reconhecer o estado em que se encontra, e convertem-se assim em sua própria prisão.

---

[16] DUVERNOY, Jean. *Le Registre d'Inquisition de Jacques Fournier (Évêque de Pamiers) 1318–1325*. v. 3, p. 929–930.

[17] Ibid., p. 931.

> E perguntei ao herege: "Como é que vos lembrais do que se passou no céu, se esses espíritos esqueceram o que tinham no céu?" Respondeu que tinha vindo alguém da parte de Deus, o Pai, que nos devolveu a memória e mostrou, com a escritura que trouxe, como regressar à salvação e como escapar ao poder de Satanás. E, dado que saímos do reino pelo nosso orgulho, mostrou-nos como regressar depois da dor e do sofrimento que suportamos neste mundo, indo de túnica em túnica. E veio pela boca do Espírito Santo, que nos mostrou a via da salvação. Mostrou-nos, também, pelas Escrituras que, como fomos exilados do Paraíso por causa do orgulho e do engano do diabo, era necessário que regressássemos ao céu pela humildade, pela verdade e pela fé.[18]

Cristo, por seu ensinamento e pelo exemplo de sua vida, devolveu a memória à humanidade e revelou ao ser humano o caminho de salvação, de regresso a seu estado original, após ter suportado a dor de andar "de túnica em túnica" neste mundo, isto é, de reencarnar múltiplas vezes.

No final da declaração do crente Pèire Maurí, o inquisidor concretiza em uma série de questões os ensinamentos cátaros que Maurí manifesta. Ele resume, assim, a cosmogonia cátara:

> Ouviste os hereges dizer, ou crer, que todos os bons espíritos, tanto as almas dos anjos como as dos homens, foram originalmente feitas pelo Deus bom no céu, que pecaram aí, depois caíram do céu, e que alguns desses espíritos encarnavam nos corpos humanos feitos pelo deus malvado?
>
> Ouvi o defunto Jacme Autier, o herege, dizer que todas as almas dos homens bons, isto é, dos hereges que existiram, que

[18] DUVERNOY, Jean. *Le Registre d'Inquisition de Jacques Fournier (Évêque de Pamiers) 1318–1325*. v. 3, p. 931.

> existem e existirão, foram feitas no céu por Deus Pai, depois, seduzidas pelo diabo da maneira referida, pecaram e caíram do céu para o mundo do deus malvado. Quando lá chegaram, vendo que tinham sido enganadas pelo deus malvado, pois este não lhes dava o que lhes tinha prometido, imploraram a Deus que os perdoasse e os fizesse voltar ao céu. Vendo isso, o deus malvado disse que lhes faria "túnicas", isto é, corpos, em que esqueceriam os bens que possuíram no céu. Assim, o diabo fez corpos, que são "as túnicas para esquecer o regresso", pelo que as almas vão de túnica em túnica, isto é, de corpo em corpo, até chegarem a uma túnica em que sejam salvas, desde que nela sejam postas em um estado de verdade e de justiça, isto é, tornem-se hereges. Então, saindo dessa túnica, voltarão ao céu. Esses espíritos vão de túnica em túnica até serem hereges.[19]

Em conclusão, para o pensamento cátaro, o ser humano possui uma alma divina, eterna, prisioneira em uma túnica de esquecimento, o corpo de carne e de sangue. Quando essa túnica mortal morre pelo processo de decomposição natural, a alma é encerrada em uma nova túnica, em um percurso de duração variável,[20] criada pelo diabo por meio da separação dos sexos e da concepção de novos corpos.

Segundo o catarismo, quando sai do corpo, a alma humana "não pode ter repouso, pois o fogo de Satanás ou do deus estrangeiro consome-a inteiramente. Contudo, quando encarna em um corpo, tem repouso e não sofre esse fogo, pois aí ele não pode prejudicá-la".[21]

---

[19] Ibid., p. 996.

[20] É o que os textos parecem confirmar, visto estabelecerem diversos números de reencarnações; de sete, segundo a *Historia Albigense* de Pierre de Vaux-de-Cernay, a dezesseis, segundo Alain de Lille. Ver DUVERNOY, Jean. *La Religion des Cathares*. Toulouse: Privat, 1976. p. 94–95.

[21] Ibid., p. 997.

Esse processo de reencarnação é relatado do seguinte modo a um grupo de crentes de Arqués pelo perfeito Pèire Autier, cerca de 1300:

> Como ninguém pode ser salvo ou voltar ao céu se não passar pelas mãos dos bons cristãos e não for recebido por eles, as almas e os espíritos dos que não foram recebidos por eles, quando saem do corpo, entram em outro corpo, e passam assim de corpo em corpo, até terem feito penitência dos pecados que cometeram no céu. Finalmente, adquirem um corpo em que são recebidos ou feitos "bons cristãos" e, quando saem desse corpo, voltam ao céu.[22]

Esse trânsito das almas pode mesmo ser efetuado em corpos de animais, o que supõe também, tal como na tradição hinduísta, uma via de aprendizagem para as almas humanas. Isso explica, também, o vegetarianismo do movimento cátaro. Certo dia de 1318, Belibasto contou a um grupo de crentes a seguinte história:

> Era uma vez um homem muito mau, um assassino, cujo espírito, quando ele morreu, entrou no corpo de um boi. Esse boi teve um dono que o alimentava mal e o tratava a pancadas. O espírito desse boi recordava-se de ter sido um homem e, quando o boi morreu, entrou no corpo de um cavalo. Esse cavalo pertencia a um grande senhor, que o alimentava bem, mas uma noite os inimigos desse senhor atacaram-no, e ele montou seu cavalo e chicoteou-o por entre rochedos e lugares escarpados. O cavalo pôs uma pata entre duas rochas e somente com grande dificuldade pôde retirá-la, tendo a ferradura ficado presa entre elas. Seu senhor montou-o

[22] DUVERNOY, Jean. *Le Registre d'Inquisition de Jacques Fournier (Évêque de Pamiers) 1318–1325*. Paris: Claude Tchou, 2004. t. 2, p. 570.

> ainda o resto da noite (e o espírito do cavalo recordava-se que tinha estado em um homem). Quando esse cavalo morreu, seu espírito entrou no corpo de uma mulher grávida e uniu-se à criança que essa mulher levava no ventre. Essa criança cresceu, e chegou à compreensão do Bem, e depois tornou-se um bom cristão. Um dia em que passava com seu companheiro perto do lugar onde o cavalo perdera a ferradura, disse-lhe: "Uma noite, quando era cavalo, perdi uma ferradura entre essas duas rochas e cavalguei sem ela durante toda a noite". Os dois puseram-se à procura da ferradura, encontraram-na entre as duas rochas e guardaram-na.[23]

Mas, além dessa alma imortal encerrada numa "túnica de carne e sangue", o ser humano possuía, segundo o catarismo, um espírito imortal, que tinha permanecido incólume no céu, por ocasião da queda das almas. Assim a apresenta o inquisidor, na sua décima questão:

> Ouviste os hereges dizer, ou crer, que havia no homem duas substâncias racionais, isto é, duas almas, ou um espírito e uma alma, de maneira que uma fica no homem vivo, enquanto que a outra, o espírito, ia e vinha, e não ficava sempre no homem; e portanto que as imaginações, os sonhos, as reflexões, e outros [fenômenos] que ocorrem na consciência operavam no homem pelo espírito, e que pela alma o homem somente tinha a vida?[24]

E esta é a resposta de Pèire Maurí:

> Ouvi o defunto Felip de Coustaussa, herege, e o defunto Mersende Martí, crente, dizer que o homem tinha sempre uma alma

[23] Ibid., p. 764.
[24] Ibid., p. 999.

> viva; mas que, ao tornar-se crente, ou herege, entrava-lhe um bom espírito, de maneira que entre a primeira alma e o espírito recém-chegado era feita uma espécie de casamento, em que o Deus Pai, era o agente. Mas se, seguidamente, o crente ou o herege abandonava a crença ou a heresia, o bom espírito saía do homem, e um espírito mau substituía-o. Assim, diziam eles, o espírito entra e sai do homem.[25]

A imagem do matrimônio místico entre o espírito e a alma é relatada mais adiante:

> Ouvi Guilherme Belibasto e Felip de Coustaussa, defuntos hereges, dizer que o matrimônio carnal entre o homem e a mulher não vale nada, e o que vale é o matrimônio espiritual entre a alma e o espírito, ou seja, quando a alma, que permanece sempre no homem, e o espírito, que vai e vem, são bons e unem-se entre si, de forma que a alma quer o que o espírito quer, e o espírito quer o que a alma quer, e eles reconhecem-se no Bem. Foi esse matrimônio que Deus instituiu.[26]

Nessas poucas palavras está contida toda a mensagem de salvação do catarismo. Os perfeitos cátaros pregaram no meio do mundo essa mensagem "de verdade e de justiça" para que as almas humanas recordassem de novo de onde vieram, compreendessem onde se encontravam e empreendessem o caminho de regresso a seu lugar de origem.

---

[25] DUVERNOY, Jean. *Le Registre d'Inquisition de Jacques Fournier (Évêque de Pamiers) 1318–1325*. Paris: Claude Tchou, 2004. t. 2, p. 999.

[26] Ibid., p. 1013.

4. A justa compreensão do Bem

Esses hereges diziam que eram bons homens e bons cristãos, que tinham boa-fé, que estavam no estado de verdade e de justiça; não mentiam, não faziam mal a quem quer que fosse, não matavam animais, não tocavam em mulher alguma, não comiam carne nem gordura; se diziam uma mentira, jejuavam durante três dias sem comer absolutamente nada. Ajudavam a salvar as almas; as pessoas que recebiam, quer dizer, que eles heretizavam, iam para o céu imediatamente depois da morte, quaisquer que fossem os pecados que elas tivessem cometido; podiam absolver o ser humano de todos os seus pecados, e ninguém podia ser salvo se não era cristão ou cristã segundo a lei, quer dizer, herege, homem ou mulher.[1]

Declaração de Pèire Maurí

PARA COMPREENDER o cristianismo cátaro, é preciso entender que seus ensinamentos não tinham um fundamento doutrinal e dogmático, mas sim profundamente iniciático, segundo o qual todo o ser humano pode seguir um processo de evolução, um caminho desde a terra do exílio, onde se encontra, até seu país de origem. Dessa perspectiva, todos os seres humanos, homens e mulheres, são iguais, mas cada um situa-se em determinada fase de desenvolvimento nesse caminho espiritual.

Segundo o pensamento cátaro, a maior parte da população humana ainda se encontrava encarcerada em sua túnica de

[1] DUVERNOY, Jean. *Le Registre d'Inquisition de Jacques Fournier (Évêque de Pamiers) 1318–1325*. Paris: Claude Tchou, 2004. v. 3, p. 1022.

carne e sangue, ignorante de sua filiação espiritual. Eram todos os homens e todas as mulheres que viviam, todavia, prisioneiros dos sentidos, que sofriam a inconstância do mundo e se sentiam balançados de um lado para o outro na vida. Vagueavam errantes pelo mundo "estranho", mudando de uma túnica para outra, porque não conheciam outra existência nem meio algum para sair desta prisão.

Contudo, os que podiam ouvir a predicação evangélica e, por experiência e por compreensão próprias, podiam despertar para o "conhecimento do Bem" convertiam-se em "crentes".

Encontramos crentes em todos os estados e condições. Homens, mulheres, nobres, camponeses, comerciantes, artesãos, burgueses ricos, cônegos, padres, tinham em comum a fé na religiosidade prática que professavam os cátaros, em quem confiavam e a quem pediam ajuda e conselho. Não deixa de ser significativo que o nome de "bons homens" e "boas mulheres" que os perfeitos recebiam da parte da população ainda se mantenha como denominação jurídica para a figura de mediador e de juiz de alguns conflitos de aspecto social.

Para os crentes, o esforço para melhorar seu estado era suficiente. Não é em vão que as fontes originais nos falam de um ritual realizado na presença dos perfeitos: o *melhorament.*[2] Ainda que algumas fontes, como veremos mais adiante, não o considerem de seu uso exclusivo.

Essa palavra occitana, que significa literalmente "melhoramento", encontra-se normalmente nos textos da Inquisição como um ritual de adoração aos hereges: "Ela adorou-os de joelhos e com as mãos juntas, inclinando-se profundamente diante deles e proferindo o 'Abençoai' maldito".[3] Mas esse ato

[2] NELLI, René. *Diccionario del catarismo y de las herejías meridionales.* Palma de Mallorca: Editorial Olañeta, 1997. p. 197 (onde há uma descrição deste rito).

[3] PALES-GOBILLIARD, Annette. *Le Livre des Sentences de l'Inquisiteur Bernard Gui.* Paris: CNRS, 2002. 2 v. p. 311.

simples de reconhecimento da espiritualidade dos bons homens e das boas mulheres revestia uma transcendência superior.

No *Tratado contra as Heresias* (cerca de 1270), de Anselmo de Alejandria, é descrito de maneira expressiva como se desenrola esse ritual, em uma época já exposta aos perigos da Inquisição, quando um cátaro ou crente chega a uma "casa cátara":

> Quando um cátaro, não importa de que seita, ou um crente entra numa casa desconhecida pertencente a cátaros, sobretudo se ele não sabe quem é cátaro entre as pessoas ali presentes, diz: "Se estais bem, podemos fazer nosso 'melhorament'? [...] se há alguém presente que não partilhe de sua crença, o Ancião responde: "Sentai-vos". Assim, quem acaba de chegar compreende que há alguém a quem temer. Mas, se isso não acontece, o Ancião responde: "Fazei o que quiserdes". Então o visitante diz: "Compreendei, se a Deus aprouver e a vós também". E o Ancião responde: "Que Deus nos compreenda, se isso aprouver-lhe". Então, o visitante inclina-se, faz uma profunda prostração e diz: "Abençoai". Inclina-se uma segunda vez e diz: "Abençoai, perdoai-nos", se é um cátaro convicto; mas, se apenas é crente, diz: "Abençoai-nos, perdoai-nos, bons cristãos, rogai a Deus para que me conduza a bom fim e me livre de morte indigna". E o Ancião responde: "Que Deus nos abençoe e guarde a seu serviço", se se trata de um perfeito; mas ao crente responde: "Que o Senhor te conduza a bom fim e permita escapar de morte indigna". Então, o visitante levanta-se e dá-lhe um abraço, colocando o rosto ora à direita, ora à esquerda. Chamam a isso a paz.[4]

O ritual iniciava-se apelando à compreensão do que aconteceria. Tratava-se de colocar a consciência racional perante o

[4] ALEJANDRÍA, Anselmo de. *Tratado sobre los herejes.* Ms. Budapest, Museo Nacional, lat. 352. Existe uma transcrição francesa, da autoria de Rubén Sartori. Disponível em: <www.catharisme.eu>. Acesso em: 6 ago. 2018.

desenrolar dos acontecimentos. Não era uma mera adoração ritual, automática, mas a tomada de consciência de uma força superior — os cátaros falavam a respeito do Espírito Santo—, presente no seio da comunidade cátara e em cada perfeito, que além de invocar forças benéficas, era também capaz de perdoar as faltas cometidas.

Como vimos, pelo menos no catarismo italiano tardio havia fórmulas, quer se tratasse do *melhorament* de um perfeito quer de um crente. Para o perfeito, tratava-se de reforçar a consciência de "estar a serviço de Deus", de ser possuidor do Espírito Santo, por meio do *consolament*. Para o crente, tratava-se de manter a consciência orientada para o "bom fim" ao qual aspirava como conhecedor dos ensinamentos cátaros, quer dizer, receber o *consolament* antes de morrer para, assim, poder escapar ao eterno retorno das encarnações.

Em qualquer caso, com esse ritual tentava-se assegurar a compreensão desses ensinamentos e, dessa forma, dar um valor adicional à convivência social. O abraço final, característico dos cátaros, simbolizava, perfeitamente, a união fraternal que devia manter-se entre todos os seres humanos. Em 1186, na aprovação das atas sinodais, o papa Urbano III adverte o arcebispo de Split (Croácia) e recomenda-lhe velar para que "esses conventículos, que se chamam 'fraternidades', não sejam reconhecidos em seu arcebispado".[5]

O cristianismo cátaro estava plenamente consciente de que uma melhoria da inteligência humana permitia um desenvolvimento mais justo da convivência social. O verdadeiro progresso humano nunca podia provir da miséria social, da opressão ou do dogmatismo religioso. Desde o primeiro momento, esforçou-se por elevar a consciência humana mais além das superstições,

[5] ŠANJEK, Franjo. *Les Chrétiens Bosniaques et le Mouvement Cathare, XIIe–XVe siècles.* Louvain: Nauwelaerts, 1976. p. 37–38.

do medo e da intolerância. Quem fosse capaz de adquirir um conhecimento de si mesmo e do mundo tinha dado um grande passo em seu aperfeiçoamento pessoal e social. De certa forma, tinha rasgado o tênue véu que separava as duas realidades da vida e podia ter um vislumbre, embora ainda não estivesse preparado para avançar para essa realidade espiritual.

O foco principal à volta do qual se desenvolvia o ensinamento do catarismo era o de levar o ser humano a compreender que se encontrava submerso em um mundo corruptível, mas que existia uma realidade superior com a qual era possível conectar-se, em vida, por meio de uma transformação total do ser, pela união da alma com o espírito, mediante purificação rigorosa do corpo.

Os crentes também realizavam a *convenensa*, que consistia em um pacto ou convenção que era acordado com os perfeitos, para que pudessem receber o *consolament* às portas da morte. Esse acordo era importante, pois permitia que um crente pudesse no fim da vida converter-se em um perfeito e unir-se a seu espírito celeste, libertando-se do processo das encarnações, que mergulhava a alma em uma peregrinação de corpo em corpo, de túnica em túnica. O testemunho de Azalaïs de Massabrac mostra-nos como tinha lugar esse pacto, com uma fórmula quase jurídica:

> Todos, unanimemente e de acordo, pediram a esse bispo herético, Bertran Marti e a outros hereges, que se a morte os ameaçasse [...] Então os referidos hereges prometeram e fizeram um pacto com a referida testemunha e as restantes mulheres de que as receberiam e consolariam mesmo que não pudessem falar.[6]

A terceira etapa nesse processo de iniciação cátara era a tomada

[6] BRENON, Anne. *Le choix hérétique.* Cahors: La Louve, 2006. p. 150.

de consciência definitiva da necessidade de converter-se em um verdadeiro cristão e a consequente entrada efetiva em uma nova existência.

Existe uma expressão no catarismo occitano que define com perfeição "o caminho da verdade e da justiça" que o crente devia seguir se quisesse converter-se em um verdadeiro cristão: a *entendensa del Bé,* o entendimento ou a justa compreensão do Bem.

Não se trata de um decálogo de preceitos morais que definiriam o bem ou mal segundo o pensamento cátaro. Na realidade, a *entendensa del Bé* é, fundamentalmente, um processo de conhecimento, ou melhor dizendo, um processo de recordação do conhecimento esquecido, no qual "o bom" é o ato que nos aproxima da verdadeira origem do ser humano.

Manter-se nessa senda do Bem significa, definitivamente, que a alma humana tinha encontrado seu "espírito bom" e a ele se tinha unido para começar o caminho de regresso ao paraíso celestial.

Daí a importância da conduta exemplar que todo o verdadeiro cristão devia manter, segundo o catarismo. Encontramos múltiplas fontes originais que nos relatam a cordialidade dos assim chamados perfeitos, a ponto de serem conhecidos pelo povo, como já foi referido, como "bons homens" ou "boas mulheres".

Um dos textos mais interessantes a esse respeito, pela antiguidade e pela precisão descritiva das fontes, é a carta que o monge Évervin de Steinfeld escreve a Bernardo de Claraval, no ano de 1147, para pedir sua ajuda contra hereges que surgiram em Colônia:

> Recentemente hereges foram descobertos em nossas terras, perto de Colônia, dentre os quais alguns, para nossa satisfação, voltaram para a Igreja. Dois deles, a saber, aquele a quem chamavam seu bispo e seu companheiro, defenderam sua heresia em uma

> assembleia de clérigos e de laicos, na presença do arcebispo mesmo e de muitos nobres importantes, com base nas palavras de Cristo e dos apóstolos.[7]

Começamos aqui a ver alguns elementos próprios do catarismo. O bispo e seu companheiro eram sem dúvida dois perfeitos, pois sabemos que o cátaro assumido sempre se fazia acompanhar por outro, como aparece descrito em documentos da Inquisição. Sabemos também que não se escusavam de debater suas crenças diante dos poderes instituídos, como aconteceu frequentemente anos mais tarde em terras occitanas. E o que é mais importante, baseavam toda a sua defesa nas palavras do cristianismo evangélico.

E a carta prossegue:

> Mas como viram que não podiam ter êxito, pediram que se lhes fixasse um dia que trariam seus peritos na fé, afirmando que se associariam à Igreja, se vissem que seus mestres fracassavam na resposta, de outra forma prefeririam antes morrer do que renunciar a seu pensamento. Depois de terem escutado isso, foram admoestados durante três dias; mas, como rejeitaram ceder, foram capturados pelo povo movido por excesso de zelo e, com nosso pesar, foram colocados na fogueira e queimados. E, o que é mais surpreendente, entraram no tormento do fogo e suportaram-no não somente com paciência mas inclusive com alegria.[8]

Évervin fica surpreso com a temperança que os hereges mostram no momento de entrar na fogueira, com a qual lidam "não

[7] BRUNN, Uwe. *Des contestataires aux "cathares". Discours de réforme et propagande antihérétique dans les pays du Rhin et de la Meuse avant l'Inquisition.* Paris: Institut d'Études Augustiniennes, 2006. p. 150.

[8] Ibid., p. 150.

somente com paciência mas inclusive com alegria". Era como se tivessem aprendido a controlar o corpo e fossem capazes de ignorar a dor, como se tivessem a coragem dos antigos mártires, que preferiam antes suportar tormentos do que renunciar à sua fé. Tal coragem era incompreensível em "raposas matreiras", como Bernardo de Claraval os chamava.

Depois, Evervin define os traços característicos da heresia:

> Esta é a sua heresia: dizem que são a única Igreja, porque somente eles seguem as pegadas de Cristo e são os verdadeiros seguidores da vida apostólica, pois não procuram as coisas deste mundo; não possuem nem casa, nem terras, nem dinheiro algum: tal como Cristo nada possuía. Aos seus discípulos nada lhes é permitido possuir. "Mas vós", dizem, "juntais casas a mais casas, terras a mais terras e buscais o que é deste mundo; inclusive aqueles dentre vós que são tidos como mais perfeitos, por exemplo, os monges e os cônegos regulares, apesar de não possuírem nada de seu, possuem bens comuns, isto é, possuem ainda."
>
> Dizem-nos sobre si mesmos: "Nós pobres de Cristo, errantes, fugindo de cidade em cidade, como ovelhas no meio dos lobos, sofremos a perseguição como os apóstolos e os mártires. Contudo, levamos uma vida santa e muito restrita, de jejum e abstinência, passando dia e noite a pregar e a trabalhar, não procurando nenhum outro proveito que o necessário para viver. Suportando tudo isso porque não somos deste mundo. Mas vós, que amais o mundo, estais em paz com o mundo, porque sois do mundo. Falsos apóstolos, que adulteraram as palavras de Cristo buscando os seus próprios interesses, desviaram-vos e aos vossos pais. Nós e os nossos pais, da linha apostólica, permanecemos na graça de Cristo até o fim dos séculos. Para distinguir-nos, Cristo disse: 'Pelos seus frutos os conhecereis'".[9]

---

[9] BRUNN, Uwe. *Des contestataires aux "cathares". Discours de réforme et propagande*

O verdadeiro cristão, em sentido cátaro, é o que reconheceu a realidade do tesouro do "outro mundo", e isso permite-lhe desprender-se com alegria de todas "as coisas deste mundo", é um pobre em Cristo, que segue o caminho evangélico mostrado pelo próprio Jesus na parábola do moço rico: "Vende tudo o que tens e segue-me". Por isso, levam uma "vida santa e muito reta", pois somente o desprendimento das coisas deste mundo abre para a alma o acesso ao mundo espiritual.

Há, no pensamento cátaro, uma palavra que define de maneira cristalina o processo percorrido por alguém que deseja converter-se em cristão: *endura*. Nos textos da Inquisição tardia, a endura é referida como um jejum a que alguns cátaros moribundos se submetiam antes de morrer. Daí que alguns a considerassem como o suicídio dos cátaros. Assim o insinua o inquisidor e antigo cátaro, Raynier Sacconi, por volta de 1250:

> Não devemos esquecer-nos de falar de sua oração, e quando julgam necessário recitá-la, sobretudo antes de comer e beber. Com efeito, muitos deles disseram a quem os tratava em suas doenças que não pusessem na boca nem comida nem bebida, sem que antes tivessem pronunciado o pai-nosso, de onde se deduz que eles próprios se mataram dessa forma.[10]

Temos poucas indicações nas fontes originais de como se realizava essa endura na iniciação recebida pelos noviços que desejavam converter-se em "verdadeiros cristãos". Fala-se essencialmente no *consolament* aos moribundos, e aí se refere à necessidade do jejum, depois de ter recebido esse ritual, para manter intacta sua nova condição de "cristão". É legítimo pensar que se

---

antihérétique dans les pays du Rhin et de la Meuse avant l'Inquisition. Paris: Institut d'Études Augustiniennes, 2006. p. 151–152.

[10] DUVERNOY, Jean. *La Religion des Cathares.* Toulouse: Privat, 1976. p. 165.

quisesse evitar, desse modo, que os que não tivessem recebido em vida uma instrução completa do "caminho da verdade e da justiça" cátaro não perdessem sua condição de consolado por descumprir as estritas normas de pureza que deviam seguir.

No entanto, o termo *endura*, que etimologicamente significa "suportar", contém um sentido muito mais rico e profundo. A *endura* parece ser entendida, no catarismo, como o processo de desprendimento por que necessariamente deve passar alguém que, tendo alcançado a *entendensa del Bé*, quer nascer de novo e converter-se em um "novo cristão". Deve-se entendê-la, portanto, como uma morte em sentido espiritual, a morte da qual Jesus fala a Nicodemos nos evangelhos, a fim de renascer por meio do batismo de fogo:

> Os crentes, os que não têm a reverência e também os que nunca tiveram fé, não podiam ser salvos nem ir para o paraíso terrestre depois da morte, a não ser que retornassem, e, após terem nascido e morrido de novo, os seus espíritos fossem para o paraíso, onde permaneceriam até o dia do Juízo [...] Esse termo "nascer de novo", compreendi-o de duas maneiras, a saber: ser batizado segundo a forma dos hereges, quer dizer, tornar-se herege, ou bem, quando a alma sai de um corpo e entra em outro e assim segue de corpo em corpo até encontrar um veículo no qual possa ser heretizada.[11]

Podemos encontrar esse mesmo sentido de desapego no *Asclépio*, quando se fala da virtude do "desprendimento" das coisas do mundo que conduz à piedade perfeita, a origem da bondade. Vejamos como o expressa o texto original:

[11] DUVERNOY, Jean. *Le Registre d'Inquisition de Jacques Fournier (Évêque de Pamiers) 1318–1325*. Paris: Claude Tchou, 2004. p. 887.

> A dimensão do homem, esse ser duplo, mede-se antes de tudo por sua piedade, que é a origem da bondade, e somente pode ser perfeita se a virtude do desprendimento a tiver fortalecido contra todo o desejo das coisas alheias, porque elas são contrárias a tudo o que nos assemelha aos deuses. São as coisas desta terra que se possuem por um desejo do corpo e são denominadas "posses".[12]

Era essa *endura* que conferia aos cátaros a coragem de enfrentar seus inquisidores, a compreensão para manterem-se firmes em sua fé e a alegria interior para suportar o martírio. Todavia, era a *endura* sobretudo que permitia aos cátaros mostrar um comportamento de vida inteiramente voltado para um desenvolvimento espiritual.

Sua não violência absoluta com todos, a austeridade e o jejum constantes, a prática diária da oração e do trabalho, a renúncia aos prazeres deste mundo, a castidade e a recusa em comer qualquer animal faziam dos cátaros um exemplo de "verdadeiros cristãos", a tal ponto que a Igreja considerou que tais cristãos punham realmente em perigo sua própria instituição.

No catarismo, o ritual conhecido como o *consolament,* a consolação, era o símbolo da culminância desse processo de *endura.*

---

[12] NEBOT, Xavier Renau (ed.). *Textos Herméticos.* Madrid: Editorial Gredos, 1999. p. 441.

5. O *consolament* cátaro

> *Esse santo batismo, pelo qual é concedido o Espírito Santo, foi mantido pela Igreja de Deus desde os apóstolos até hoje, e foi passando de bons homens em bons homens até aqui e o fará até o fim do mundo.*[1]
>
> Ritual de Lyon

Dos cinco documentos originais do catarismo ocidental que se conservam, três deles fazem referência ao sacramento do *consolament:* um ritual em occitano, conservado no fim de um Novo Testamento occitano descoberto em Lyon; um ritual em latim, incompleto, conservado num manuscrito precedente do convento dos dominicanos de Florença, de onde proveio também o *Tratado Cátaro dos Dois Princípios,* de Juan de Lugio; e dois comentários que acompanhavam esse ritual sacramental, descobertos em um manuscrito valdense da biblioteca do Trinity College de Dublin.

Um breve estudo desses documentos permite-nos fazer uma ideia bastante aproximada de como era realizado o referido ritual no seio da comunidade cátara.

Contudo, antes de analisar seu conteúdo, devemos precisar que o *consolament* somente era concedido em situações perfeitamente distintas entre si: por um lado, aos crentes que depois de determinado processo de aprendizagem se comprometiam a uma prática rigorosa de vida evangélica; por outro

[1] CLÉDAT, Léon (éd.). *Le Nouveau Testament, traduit au XIII siècle en langue provençale suivi d'un rituel cathare.* Paris: Ernest Leroux, 1887. p. XVII.

lado, havia também um *consolament* concedido aos moribundos crentes que o solicitavam ou tinham solicitado previamente por meio de um pacto denominado em occitano *convenensa* (acordo, conveniência).

No primeiro caso, o *consolament* permitia ao crente entrar no estado de "cristão" no sentido autêntico. Uma vez recebido o referido *consolament,* que pressupunha a recepção pentecostal do Espírito Santo, o novo cristão devia levar uma prática de vida extremamente rigorosa e de grande pureza espiritual. De fato, tratava-se de levar uma vida de renúncia total e absoluta dos apegos deste mundo, como vimos no capítulo anterior. Tais cátaros eram o que a Inquisição chamava "perfeitos" ou "revestidos".

No segundo caso, o *consolament* era concedido a quem, por encontrar-se à beira da morte, podia efetivamente desvincular-se do mundo material e desse modo manter a pureza de espírito necessária para receber, ainda em vida, o Espírito Santo.

Mediante o batismo pela água instituído por João Batista, o *consolament* era considerado pelos cátaros como o verdadeiro batismo cristão, o batismo de fogo, que Cristo anunciou aos apóstolos, que o receberam com as línguas de fogo de Pentecostes. Em meados do século XII, Eckbert de Schönau descreve essa cerimônia com certo sarcasmo:

> Põem muitas luzes sobre os muros; dispõem-se em círculo com grande reverência, pois trata-se de algo sagrado, mas que apraz, no entanto, mais ao diabo que a Deus. Colocam no centro o desafortunado que deve ser batizado ou "catarizado". O arquicátaro coloca-se perto dele, segurando nas mãos um pequeno livro destinado a esse ofício. Coloca-o sobre sua cabeça, recita as bênçãos, que mais devem ser chamadas maldições. Os outros ao seu redor oram e criam um filho da Geena em vez de um filho do reino de Deus, e assim termina o batismo. Diz-se que esse

> batismo é feito no fogo, por causa do fogo das luzes que ardem ao redor. Não, não é assim, ímpios! Não deveis assim seguir as palavras dos santos evangelhos, nas quais é dito: "Ele vos batizará com o Espírito e com fogo". Deveis prestar atenção a essas palavras. "Ele vos batizará", dizem elas, "com" fogo e não "ao lado" do fogo, como vós fazeis. Escutai-me bem e eu vos explicarei como podeis cumprir essa palavra de modo mais exato.[2] [Eckbert mandou alguns cátaros para a fogueira em 1163.]

Essa descrição da cerimônia primitiva, que era realizada pelas comunidades cátaras na Alemanha, difere um pouco da que é descrita nos rituais cátaros conservados, pois tem provavelmente como finalidade combater e ridicularizar esse ritual.

O ritual occitano, apesar de ter sido encontrado em um manuscrito datado posterior ao de Florença, parece contudo ter uma origem mais antiga. Ali encontramos a descrição de três cerimônias perfeitamente separadas entre si; ainda que se juntem no ritual, certamente eram realizadas em momentos diferentes do processo de iniciação cátaro. Assim podemos compreender a advertência que assinala o ritual latino, no fim de uma das referidas cerimônias e antes de começar a seguinte: "Se então o crente não deve ser consolado, deve então receber o serviço e ir em paz".[3]

A primeira dessas três cerimônias, denominada no ritual occitano *servisi* (literalmente: serviço, figurativamente: graça, dom, serviço divino) e em outras fontes *aparelhament* (literalmente: irmanar-se, igualar-se; em sentido figurado: preparar-se), era essencialmente um ato de contrição pública a fim de solicitar a graça e o perdão divino:

---

[2] BRUNN, Uwe. *Des contestataires aux "cathares". Discours de réforme et propagande antihérétique dans les pays du Rhin et de la Meuse avant l'Inquisition.* Paris: Institut d'Études Augustiniennes, 2006. p. 299.

[3] THOUZELLIER, Christine. *Rituel Cathare.* Paris: Les Éditions du Cerf, 1977. p. 222–223.

> Estamos aqui perante Deus, perante vós e perante a ordem da santa Igreja para receber o "serviço", o perdão e a penitência de todos os nossos pecados cometidos; os que falamos, pensamos ou realizamos desde nosso nascimento até agora. Pedimos misericórdia a Deus e a vós, para que rogueis misericórdia por nós ao Santo Pai para que nos perdoe.[4]

Alguns autores[5] consideram que essa cerimônia era celebrada regularmente, pelo menos uma vez por mês, entre as comunidades de crentes e perfeitos cátaros. Seu objectivo era purificar os presentes das faltas cometidas por seu corpo material, pouco consciente do espírito encerrado nele:

> Senhor, julga e condena os vícios da carne, não tenhas piedade da carne nascida da corrupção, mas tem piedade do espírito aprisionado; administra os nossos dias, as horas e os perdões, os jejuns, as orações e as pregações como é costume dos bons cristãos, a fim de que não sejamos julgados e condenados como criminosos no dia do Juízo.[6]

É lógico pensar, pois, que o *servisi* fosse considerado como o início de todo o processo de purificação integral que supunha a recepção do *consolament.*

A segunda cerimônia que acontecia durante o processo da recepção do *consolament* era a chamada "tradição do Livro e da santa oração". Essa cerimônia começava com a recepção do Livro, o Novo Testamento, e uma preleção por parte do Ancião, ou Superior da comunidade:

---

[4] ZAMBÓN, Francesco. *El Legado Secreto de los Cátaros.* Madrid: Editorial Siruela, 1997. p. 168.

[5] NELLI, René. *Diccionario del catarismo y de las herejías meridionales.* Palma de Mallorca: Editorial Olañeta, 1997. p. 40–41.

[6] ZAMBÓN, Fancesco. *Op. cit.*, p. 169–170.

> Essa é a razão pela qual estais aqui diante dos discípulos de Jesus Cristo, neste lugar em que habitam espiritualmente o Pai, o Filho e o Espírito-Santo, [...] a fim de que possais receber essa santa oração que o senhor Jesus Cristo transmitiu a seus discípulos, de maneira que vossas preces e vossas súplicas sejam satisfeitas pelo nosso Pai Santo. Por isso, deveis compreender que, se quereis receber essa santa oração, precisais arrepender-vos de todos os vossos pecados e perdoar a todos os homens. Pois nosso senhor Jesus Cristo disse: "se, porém, não perdoardes aos homens as suas ofensas, tampouco vosso Pai vos perdoará as vossas ofensas" (Mt 6:15).[7]

Devemos ter em conta que essa cerimônia pressupõe também uma nova purificação. O noviço recebe nessa fase a santa oração, isto é, o pai-nosso, a única oração instituída por Jesus Cristo nos evangelhos. Mas nem todos são dignos de recebê-la ou de recitá-la. Para isso é necessário previamente realizar uma verdadeira penitência de seus pecados e, o que é mais importante, ser capaz de perdoar os outros, o que nos torna dignos de receber o perdão celestial.

No final o Ancião reza o pai-nosso, e, em seguida, o candidato recita-o por sua vez. O Ancião termina, dizendo:

> "Transmitimos essa santa oração para que a recebais de Deus, de nós e da Igreja, para que tenhais o poder de dizê-la em todos os momentos da vida, de dia e de noite, sós ou acompanhados, e para que não comais nem bebais nunca sem antes rezar essa oração. Se faltardes a isso, tereis de fazer penitência". E o crente deve dizer: "Recebo-a de Deus, de vós e da Igreja".[8]

---

[7] ZAMBÓN, Francesco. *El Legado Secreto de los Cátaros.* Madrid: Editorial Siruela, 1997. p. 171–172.

[8] Ibid., p. 172.

O ritual latino começa com essa segunda cerimônia. No entanto, a transmissão da santa oração contém, nesse segundo ritual, uma nota explicativa do significado do pai-nosso, que insiste no profundo sentido espiritual contido nessa oração e permite que sua recepção não seja somente memorizada.

Também no texto de Dublin encontramos um comentário sobre o pai-nosso que enfatiza a compreensão profunda do verdadeiro significado da recepção da oração, com uma extensa explicação de cada uma das frases:

> [Dá-nos hoje o nosso pão suprassubstancial] Esse povo do qual falamos, que dirige essa oração ao seu Pai, é um pão [...] mas, quando o pão da vida desceu do céu e foi dado a esse povo, que é um só pão e um só corpo, ensinou-lhe, além disso, a pedir ao Pai outro pão, o suprassubstancial, quer dizer, a caridade. A caridade é chamada pão suprassubstancial porque está acima de todas as outras substâncias, ou seja, visitação, espírito, vida, alma, coração e corpo; e esse pão suporta todas essas substâncias.[9]

A terceira cerimônia descrita é o *consolament* propriamente dito. Esse ritual começa com uma exortação do Ancião ao noviço que se prepara para receber esse sacramento. O ritual occitano diz, a esse respeito:

> Pedro, quereis receber o batismo espiritual, mediante o qual é dado o Espírito Santo na Igreja de Deus, com a santa oração, com a imposição de mãos dos "bons homens"?[10]

O *consolament* significa, portanto, para o noviço, a entrada em um novo estado: o de cristão ungido pelo Espírito Santo, como

[9] ZAMBÓN, Francesco. *El Legado Secreto de los Cátaros*. Madrid: Editorial Siruela, 1997. p. 200.

[10] Ibid., p. 172.

os apóstolos em Pentecostes. De novo é preparado para receber essa força por meio da imposição de mãos e, assim, mais tarde, é-lhe recordado:

> Se quereis receber esse poder e essa força, convém que observeis todos os mandamentos de Cristo e do Novo Testamento, conforme vossas possibilidades. E sabei que ele mandou não cometer nem adultério, nem homicídio, nem mentir; e que não façais nenhum juramento, que não roubeis nem façais aos outros o que não quereis que vos façam a vós, e que perdoeis a quem vos prejudicou, que ameis os vossos inimigos, rezeis pelos caluniadores e pelos acusadores e que os abençoeis, que deis a outra face se vos agridem, que deixeis a capa se vos tiram a túnica, que não julgueis nem condeneis, e muitos outros mandamentos que são recomendados pelo Senhor à sua Igreja.[11]

Nesse breve parágrafo está contido toda a força evangélica do catarismo. Para o noviço não se trata, unicamente, de ter determinada fé ou crença, mas sim do cumprimento estrito de uma rigorosa ética evangélica, que não somente exige não matar, não roubar ou não cometer adultério, ou seja, "não fazer aquilo que não queremos que nos façam", mas exorta também "a perdoar a quem nos faz mal, a amar os nossos inimigos, a orar e abençoar os nossos acusadores, a estender a outra face se nos agridem..."

Somente quem é capaz de cumprir essas exigências pode receber o *consolament*, e o Paracleto e, com ele, a força e o poder de viver, neste mundo, segundo as leis que "não são deste mundo".

No ritual latino, especifica-se:

---

[11] ZAMBÓN, Francesco. *El Legado Secreto de los Cátaros.* Madrid: Editorial Siruela, 1997. p. 174.

> É por isso que deveis compreender que, do mesmo modo que vos encontrais temporalmente diante da Igreja de Deus, onde o Pai, o Filho e o Espírito Santo habitam espiritualmente, igualmente deveis estar espiritualmente com a vossa alma diante de Deus, de Cristo e do Espírito Santo, preparados para receber essa santa ordenação de Jesus Cristo; e do mesmo modo que haveis recebido em mãos o livro onde se encontram escritos os preceitos de Cristo, seus conselhos e suas ameaças, assim também deveis receber espiritualmente a lei de Cristo nas ações de vossa alma, para observardes essa lei por toda a vossa vida, tal como está escrito: "Amarás o Senhor, teu Deus, de todo o teu coração, de toda a tua alma, de todo o teu entendimento, e de todas as tuas forças; e amarás o teu próximo como a ti mesmo".[12]

O fim da cerimônia culmina quando o oficiante coloca o livro sobre a cabeça do noviço e todos os membros da ordem e os cristãos presentes lhe impõem a mão direita. Depois de várias fórmulas litúrgicas, o Ancião recita a santa oração e o início do Evangelho de João. E termina quando toda a assistência faz o sinal da paz.

O *consolament* é, pois, o momento culminante no processo de iniciação cátaro. Não se trata somente de um ritual outorgado aos que aceitaram determinadas condições de vida, do selamento de um conhecimento e de uma prática de vida coerente. Na realidade, para o pensamento cátaro, o *consolament* é um ato no qual o ser humano recebe a efusão do Espírito Santo, ou seja, que supõe, segundo os ensinamentos cátaros, uma transformação real do ser, uma mudança completa da própria humanidade de cada um, pela ascensão de forças espirituais que sobrepassam o meramente humano.

Trata-se aqui, em definitivo, da recepção do Espírito Santo,

---

[12] THOUZELLIER, Christine. *Rituel Cathare.* Paris: Les Éditions du Cerf, 1977. p. 246–249.

do Paracleto, tal como os apóstolos o tinham recebido no Pentecostes, e que eles, por sua vez, tinham transmitido a outros.

Assim relata Arnau Sicre um sermão do perfeito Guilherme Belibasto:

> O Filho de Deus disse aos apóstolos que lhe pedissem qualquer coisa, que ele lhes daria. Reuniram-se à parte e decidiram entre eles que lhe pediriam uma segurança tal que não tivessem nada a temer de ninguém, e voltaram para dizer-lhe. O Filho de Deus disse-lhes que era difícil dar ao servidor melhor salário que o de seu mestre [...] Então pediram-lhe que lhes desse o mesmo poder que ele, e o poder de dá-lo a outros, e que estes pudessem ainda dá-lo a outros, a fim de que esse poder pudesse passar de mão em mão, de bons homens a bons homens e de boas mulheres a boas mulheres.[13]

A noção de Espírito Santo, no entanto, reveste-se no catarismo de uma concepção ambivalente, podendo ser interpretado, essencialmente, de duas maneiras: seja como a terceira pessoa da Trindade, de maneira semelhante à doutrina da Igreja romana, ou bem como "os espíritos santos" individuais que se separaram de suas almas decaídas e se mantêm incólumes no céu, à espera do regresso delas. Nesse segundo sentido, podemos entender a cerimônia do *consolament* como o reencontro entre a alma caída e o seu próprio "espírito santo" pessoal, que tinha permanecido separado dela no céu. Daí provém também a imagem das núpcias místicas, ou alquímicas, que tanta importância terá na tradição espiritual posterior.

Eis como o descreve um documento de refutação católico:

---

[13] DUVERNOY, Jean. *Le Registre d'Inquisition de Jacques Fournier (Évêque de Pamiers) 1318–1325*. Paris: Claude Tchou, 2004. p. 774.

> Na imposição das mãos, a alma recebe por sua conduta seu próprio espírito, que tinha deixado no céu quando aceitou o diabo e foi enganada por ele. É esse espírito que chamam espírito santo, ou "firme", porque permaneceu firme diante desse engano e não pode, enquanto guardar e governar a alma nesta vida presente, ser enganado pelo diabo.[14]

Contudo, a recepção do *consolament* é apenas o fim de uma etapa no processo de iniciação cátara. Ainda que seja um "novo nascido" no mundo do espírito, o caminho que deve percorrer como verdadeiro cristão está cheio de perigos e adversidades. Trata-se fundamentalmente de voltar ao mundo, como um renascido, e anunciar a boa nova a todos os seres humanos para ajudá-los a percorrer o caminho de regresso.

[14] DUVERNOY, Jean. *Le Registre d'Inquisition de Jacques Fournier (Évêque de Pamiers) 1318–1325*. Paris: Claude Tchou, 2004. p. 97.

6. A pregação do catarismo

> *E, se porventura não quiseram abandonar a sua demanda, devem ser julgados como hereges e depois entregues aos juízes seculares, e estes devem puni-los desta maneira: se for o herege pregador, a quem chamam consolador, deve ser queimado na fogueira de modo a morrer.*[1]
>
> *Partidas*, de Afonso X, o Sábio

Há poucos escritos históricos que descrevam de maneira tão clara e precisa a heresia cátara como esse texto das *Partidas* de Afonso X, o Sábio, pois, se tivéssemos de descrever efetivamente, em poucas palavras, como se caracterizavam os cátaros, diríamos que eram "consoladores" e "pregadores".

O catarismo não teria tido nenhuma repercussão social se tivesse sido um simples movimento ascético, que se tivesse retirado do "mundo do pecado" para encontrar-se mais próximo de Deus. Sem dúvida a Igreja católica teria absorvido em seu seio tais ascetas e monges, dando-lhes uma regra de vida própria para que seguissem seu caminho em paz.

Contudo, para os cátaros não fazia sentido buscar salvação somente para si mesmos. A mensagem de Cristo era demasiado forte e apelativa para ser ignorada: "Ide por todo o mundo e pregai o evangelho a toda a criatura".[2]

---

[1] Partida número 7, Lei II, título 26, *Leis das sete Partidas,* de Afonso X, o Sábio apud CASADO, Angel Martínez. "Cátaros en León, testimonio de Lucas de Tuy". *Archivos Leoneses,* León, n. 74, p. 308, 1983.

[2] Cf. Marcos 16:15.

Assim nos conta Arnau Sicre uma pregação de Guilherme Belibasto:

> [E Cristo disse aos apóstolos] que havia chegado o tempo de voltar para o Pai e disse-lhes que pregassem a palavra escrita pelo Pai no mundo e que não deveriam abandonar sua fé devido a penas ou tribulações. Disse-lhes que havia dez penas, das quais tinha suportado oito, e que a nona seria suportada por eles.[3]

Nessa acepção, era necessário despertar homens e mulheres de seu sonho ilusório do mundo, de sua ignorância narcotizada, do esquecimento de sua origem divina. Era fundamental ensinar o caminho à alma caída, que fora enganada pelo mal e se fechara em si mesma, seduzida pelas coisas mundanas.

Como dizia Plotino, a ignorância do santo Pai fez com que a humanidade se voltasse para a ilusão do mundo:

> O que faz com que as almas se esqueçam de Deus Pai e, sendo de natureza divina e eternamente suas, desconheçam-se a si mesmas e a ele? Para elas o princípio do mal é o orgulho e a geração, a primeira diferenciação, e o querer ter sua própria potestade. [...] Assim, a completa ignorância relativa a ele é a causa do apego às coisas daqui e do desprezo relativo a si mesmas.[4]

Desde o início encontramos os cátaros pregando publicamente seus ensinamentos. A defesa de seu pensamento foi uma prática habitual na história do catarismo, inclusive nas igrejas católicas,

---

[3] DUVERNOY, Jean. *Le Registre d'Inquisition de Jacques Fournier (Évêque de Pamiers) 1318–1325*. Paris: Claude Tchou, 2004. p. 772.

[4] CLOTA, José Alsina. *El neoplatonismo, síntesis del espiritualismo antiguo*. Barcelona: Editorial Anthropos, 1989. p. 59.

nos inúmeros colóquios e concílios que reuniam centenas de pessoas.

Apesar disso, a maioria das fontes que nos chegaram, de origem católica, mostram os hereges como milagrosamente derrotados nas disputas:

> No tempo de São Domingos, em terras albigenses, onde se tinham reunido os hereges, alguns mantinham disputas com os católicos, perante juízes comuns; muitas palavras eram trocadas entre ambos os lados. Sob ordem de um juiz, foram escritos dois livros sobre esse assunto, e o juiz escolheu as razões de São Domingos. Como os outros juízes duvidavam, decidiram queimar os dois livros, o de São Domingos e o outro, que expunha as razões dos hereges. O livro de São Domingos permaneceu intacto, enquanto o do herege ardeu completamente.[5]

Geralmente os cátaros são apresentados como grandes conhecedores das Sagradas Escrituras, comparativamente aos valdenses, descritos como muito mais iletrados. Alguns, como é o caso do notário Pèire Autier e de seu filho Jacme Autier, são considerados pelos crentes como autênticos anjos anunciadores da palavra divina. É com estas palavras que são descritos pela crente Sybille Peyre, no interrogatório da Inquisição:

> Pèire Autier pregava para nós... Mas seu filho, Jacme Autier, falava melhor do que ele: falava com uma boca angélica.[6]

E assim expressa Pèire Mauri ao traidor Arnau Sicre d'Ax:

---

[5] LECOY DE LA MARCHE, A. *Anecdotes historiques, légendes et apologues tirés du recueil inédit d'Etienne de Bourbon, dominicain du XIIIè siècle.* Paris: Librairie Renouard, 1877. p. 286–287.

[6] DUVERNOY, Jean. *Le Registre d'Inquisition de Jacques Fournier (Évêque de Pamiers) 1318–1325.* Paris: Claude Tchou, 2004. p. 569.

> Quando ouvíamos pregar monsenhores Pèire e Jacme Autier era uma glória! Eles, sim, é que sabiam pregar bem![7]

E mais adiante exclama Guilhèm Bayle:

> Pèire Autier, no momento de ser queimado, disse que, se o deixassem pregar ao povo, todo ele se converteria à sua fé.[8]

Na realidade, os cátaros praticavam diferentes tipos de pregação, em função do momento, do lugar e da audiência.

Em primeiro lugar, realizavam pregações populares, em lugares públicos, mercados, praças, e igrejas, a pessoas de todas as condições sociais, crentes ou não crentes. Muitos desses cátaros eram comerciantes e aproveitavam suas múltiplas relações comerciais para expor os ensinamentos. Foi a época da eclosão das cidades e dos mercados como espaços de encontro entre pessoas, ideias e mentalidades.

Essas pregações eram claras, sintéticas, utilizavam profusamente as Sagradas Escrituras, mas eram sempre apresentadas de modo racional. Às vezes recorriam a mitos, fábulas e lendas, com a finalidade de mostrar, por meio de imagens quotidianas, a veracidade de sua exposição.

Esse tipo de pregação mostrava muito frequentemente as contradições em que a Igreja romana incorria em algumas de suas explicações dogmáticas.

Lemos em Lucas de Tuy:

> É certo que determinados hereges sustentam que o conteúdo do Novo e do Antigo Testamentos somente é certo se o compreendemos segundo o espírito, e que seu conteúdo, se compreendido

[7] DUVERNOY, Jean. *Le Registre d'Inquisition de Jacques Fournier (Évêque de Pamiers) 1318–1325*. Paris: Claude Tchou, 2004. p. 757.
[8] Ibid., p. 838.

> literalmente, não tem nenhum valor. Do mesmo modo, o que se lê acerca de Cristo ter feito os cegos ver e de muitos outros prodígios tem de ser entendido no sentido de que essas pessoas, estando em pecado, tinham em si próprias uma barreira para sua alma, nunca para a visão do corpo.[9]

Questionavam, sobretudo, os rituais sacramentais instituídos; as relíquias que proliferavam por todo o lado, as quais consideravam superstição; o panteão de santos que a Igreja oficial tinha criado para sua própria exaltação, e, especialmente, a adoração da cruz, que apresentavam como um simples instrumento de tortura com o qual Cristo fora crucificado. Assim o declara o crente Pèire de Gaillac:

> Diziam que ninguém deve adorar a cruz nem utilizar seu símbolo de forma alguma, pois Deus suportou a morte nela, com grande desonra. Davam como exemplo que, se um homem fosse pendurado numa árvore, essa árvore seria sempre odiada por seus parentes, e amaldiçoá-la-iam e não quereriam ver nela um lugar parecido com aquele em que Deus, que devemos honrar, fora pendurado; na verdade, horrorizar-se-iam e não desejariam jamais a sua presença.[10]

Nesse tipo de pregações, tratava-se sobretudo de contrapor o "mundo do deus estranho", cheio de contradições e desordens, à luminosidade e à ordem do "mundo do Pai Santo dos bons espíritos". Sua vida austera, rigorosa e em entrega era o melhor exemplo para suas explicações evangélicas.

Em segundo lugar, existia também uma pregação mais privada,

---

[9] TUY, Lucas de. *De Altera Vitæ fideique controversiis adversus Albigensium errores*, Livro III, cap. II, Ingolstadt: J. Mariana, 1612. p. 258.

[10] PALES-GOBILLIARD, Annette. *L'Inquisiteur Geoffroy d'Ablis et les Cathares du Comté de Foix (1308–1309)*. Paris: CNRS, 2002. p. 337.

destinada fundamentalmente aos crentes e a seus familiares. Normalmente se realizava em casas particulares ou da pequena nobreza da região, diante de um grupo de crentes. A pregação consistia na leitura de um texto bíblico por parte de um noviço ou acompanhante e nas explicações que o perfeito dava.

Temos inúmeros exemplos dessa pregação no manuscrito 609 de Toulouse:

> Em 1231, os hereges mantinham uma assembleia desse gênero em Labácède-Lauragais, sob a proteção do poderoso senhor Pons de Saint-Michel; um clérigo, Guilhèm Raymond, "tinha na mão um livro no qual lia, e os hereges explicavam, em sua pregação, o que ele lia".[11]

No início, quando o catarismo estava em todo o seu esplendor na Occitânia e era respeitado em todo o território, sabemos da existência de muitas casas cátaras, tanto para homens como para mulheres, nas quais conviviam comunidades mais ou menos pequenas de bons homens e boas mulheres, sob a atenta direção de um ancião ou uma anciã. Essas instituições, pelo pouco que se sabe hoje delas, eram lugares abertos no campo ou na cidade, onde o peregrino podia encontrar comida e abrigo, o doente podia encontrar cura ou consolo, e onde se ensinava aos jovens a prática de alguns ofícios, ou simplesmente a ler e a escrever.

Nesses lugares, a pregação tornava-se mais concreta e prática. Os evangelhos adquiriam sua verdadeira dimensão espiritual, e o crente era colocado diante da visão do caminho que a alma devia percorrer para regressar ao Pai Santo dos bons espíritos, tendo presente que somente uma vida plenamente cristã podia mostrar às pessoas a forma real de percorrer esse caminho, de

[11] GUIRAUD, Jean. *Histoire de l'Inquisition au Moyen Âge*. Paris: August Picard, 1935. t. 1, p. 152–153.

forma completamente livre e voluntária. Quem não pudesse aceitar suas exigências devia permanecer como crente, confiante de que no fim de seus dias, quando, já moribundo, deixasse de aferrar-se aos apegos deste mundo, teria o valor de acolher em seu seio a força do Espírito que receberia dos bons homens.

A ferocidade com que a Inquisição destruía essas casas não deixa espaço para dúvidas sobre a grande função pregadora que realizavam. Encontram-se inúmeros testemunhos disso nos documentos inquisitoriais, onde se ordena a completa destruição desses edifícios.

Jordi Ventura relata-nos que, na inquisição levada a cabo em terras de Urgell, por volta de 1237, não somente foram pronunciadas 45 condenações por heresia, como também foram ordenadas:

> A destruição de duas casas em Castellbó, certamente porque pertenciam a "receptores hereticorum", ou talvez por terem sido o local das reuniões.[12]

O que não impediu que, anos depois, em 1244, o diácono cátaro Guillem Clergue fosse visto em Castellbó junto de seu companheiro Ramón, "em suas casas, que eles mantinham publicamente".[13]

Muitos anos mais tarde ainda, em 1308, lê-se em uma sentença de Bernard Gui:

> Além disso, ordenamos que as casas em que a chamada Ricarda e o chamado Guilhèm se tornaram hereges sejam destruídas até os alicerces, de modo que nenhuma delas nunca mais seja habitada, e o que foi um local de acolhimento aos pérfidos se

[12] SUBIRATS, Jordi Ventura. "El catarismo en Cataluña", *Boletín de la Real Academia de Buenas Letras de Barcelona,* Barcelona, n. XXVIII, 1959–1960, p. 89.

[13] Ibid., p. 87.

> converta em um local imundo, e que elas sejam convertidas em fossas para esterco e em um lugar fétido.[14]

Como assinala o historiador Julien Théry, essa prática segue a fórmula estabelecida pelo próprio papa Inocêncio III, em 1207, para a destruição das casas dos hereges:

> A casa onde seja acolhido o herege será destruída completamente; que ninguém ouse reedificá-la e que se converta em depósito de imundícies o local que foi guarida de pérfidos.[15]

Nesse mesmo ano de 1207, Domingos de Gusmão funda um convento feminino em Prouille, muito perto de Fanjeaux, o lugar onde Esclarmonde de Foix, junto com outras damas da nobreza, recebe o *consolament* do bispo cátaro Guilhabert de Castres, em 1204. Jordain de Saxe (1175–1237) informa-nos, em sua biografia de Domingos de Gusmão:

> Fundou um mosteiro para acolher as damas da nobreza, cujos pais, devido à sua pobreza, as davam aos cátaros para que as instruíssem e formassem.[16]

Quando a Inquisição começou a tornar-se persistente em toda a região, essa pregação tornou-se mais fechada, em círculos de familiares de longa tradição cátara. Desse modo, o catarismo pôde subsistir durante quase mais um século, apesar da atuação sistemática dos inquisidores.

Assim, portanto, nesse segundo tipo de pregação, a tônica era colocada sobre a ideia do "caminho da verdade e da justiça".

---

[14] THÉRY, Julien. *Le Livre des Sentences de l'Inquisiteur Bernard Gui.* Paris: Éditions du Centre National de la Recherche Scientifique, 2010. p. 24–25.

[15] Ibid., p. 26, nota 5.

[16] DUVERNOY, Jean. *L'Histoire des Cathares.* Toulouse: Privat, 1979. p. 249.

Tratava-se sobretudo da libertação da ilusão do mundo e de compreender que a aproximação ao divino se produzia por meio de uma vida reta e justa.

Havia ainda um terceiro tipo de pregação dentro do movimento cátaro. Eram as prédicas realizadas durante a cerimônia do *consolament,* das quais restam alguns exemplos nos poucos rituais cátaros que se conservaram, seguramente também para o ensinamento dos noviços que queriam converter-se em verdadeiros "cristãos".

Essa pregação estava direcionada fundamentalmente a assegurar o aspecto espiritual do cristianismo verdadeiro, colocando ênfase em que o candidato não devia ser somente "ouvinte" da palavra mas sobretudo "praticante" dela. Quem desejava converter-se em um verdadeiro cristão era colocado na solenidade do momento, junto com um numeroso grupo de perfeitos e crentes, perante um sermão que recorria "com frequência à interpretação alegórica ou mística e transpunha os acontecimentos relatados na Bíblia do mundo terrestre para o mundo espiritual".[17]

Tratava-se, essencialmente, de dar ao candidato e aos presentes a maior compreensão possível das forças espirituais invocadas nesse encontro, com o intuito de conseguir uma elevação coletiva da consciência, e, com isso, um avanço espiritual real. Pois, embora tivessem plena consciência do ritual sagrado que realizavam e cressem firmemente na presença do Espírito Santo naquele ato, sabiam também que somente uma vontade clara, consciente e livre poderia permitir ao candidato cumprir fiel e firmemente as exigências que o verdadeiro caminho cristão implicava.

Quando o candidato se tornava um "verdadeiro cristão", normalmente ingressava em uma das casas cátaras que existiam por

---

[17] RIPARELLI, Enrico. "Les techniques d'exégèse cathare". In: AURELL, Martin (coord.). *Les cathares devant l'histoire*. Castelnaud-la-Chapelle: L'Hydre. p. 323.

todo o lado. Essas comunidades sustentavam-se com seu próprio trabalho e viviam em comunhão. No início, o noviço acompanhava normalmente, como sócio ou companheiro, um "cristão" mais avançado, para aprender com ele as artes da oratória.

Seguramente, recebiam uma sólida instrução intelectual fundamentada nas Sagradas Escrituras, embora desconheçamos como essa se desenvolvia. Os documentos da época somente nos dão conta da grande importância dada pelos cátaros aos livros e da significativa quantidade de livros que circulavam por suas mãos.[18]

> [Por volta de 1300], não me recordo bem da época, estava eu atrás da minha casa em Ax, tomando sol. A meu lado, a pouco mais de dois metros, encontravam-se Guilhèm Andorrà e sua mãe Gailharda, e Guilhèm lia um livro que tinha nas mãos. Sua mãe escutava-o ler. Assim o ouvindo, perguntei-lhe: Que estás lendo? E respondeu: Queres vê-lo? Eu respondi: Vejamos o que é, traze-o. Guilhèm veio então até mim, trazendo o livro, tomei-o e li nele: "In principio erat Verbum". Esse evangelho era uma mistura de latim e romanço, e todo o livro era assim. Li nesse livro muitas das coisas que tinha escutado da boca de Guilhèm e Pèire Autier, os hereges. Cri, e ainda creio, que esse livro era da seita, da vida e da doutrina da heresia desses hereges, e perguntei então a esse Guilhèm como havia obtido o livro. Respondeu que de um mercador.[19]

Fruto de suas constantes pregações, os cátaros conseguiram na Occitânia que a maioria das pessoas, inclusive a nobreza e alguma hierarquia eclesiástica, os considerasse verdadeiros

---

[18] DUVERNOY, Jean. "Le Livre des Hérétiques". *Cahiers de Fanjeaux,* Franjeaux, n. 31, p. 314–331.

[19] DUVERNOY, Jean. *Le Registre d'Inquisition de Jacques Fournier (Évêque de Pamiers) 1318–1325*. Paris: Claude Tchou, 2004. t. 1. p. 366.

cristãos, e venceram em muitas ocasiões os paladinos da Igreja em seus debates públicos. Roma rapidamente teve de mudar de estratégia. Os diferentes legados pontifícios cistercienses, desde Bernardo de Claraval a Pèire de Castelnòu, não conseguiam encontrar o método para fazer frente aos cátaros e convencer o povo de sua heresia. Teve de ser um bispo espanhol a dar-lhes a chave para uma mudança crucial em sua luta contra o catarismo.

Assim relata com detalhe Pierre des Vaux-de-Cernay:

> Aconteceu que, regressando da cúria e passando por Montpellier, ele [Diego de Osma] encontrou o venerável Arnau, abade de Citeaux, o irmão Pèire de Castelnòu e o irmão Raúl, monges cistercienses, legados da Sé Apostólica. Todos queriam renunciar à legação para a qual tinham sido nomeados, tão desanimados estavam perante o fracasso quase total de suas pregações aos hereges; com efeito, cada vez que eles queriam predicar aos hereges, esses objetavam com o comportamento detestável dos clérigos. Desse modo, se queriam corrigir a vida dos clérigos, deveriam renunciar à pregação. Mas o bispo remediou sua perplexidade com um saudável conselho: convidou-os encarecidamente a entregar-se com mais ardor ainda à pregação, deixando de lado todas as restantes preocupações, e, para calar os maldizentes, fazendo com toda a humildade por atuar e ensinar como o Divino Mestre, e andar a pé, sem ouro nem prata, imitando em todas as coisas a pregação apostólica.[20]

O que o cronista não refere é que essa pregação a que o bispo apelava ardentemente já era o modelo de pregação cátara. A Igreja tinha encontrado a forma de vencer a heresia de uma

[20] VAUX-DE-CERNAY, Pierre des. *Hystoria Albigensis (c. 1213-1218)*. GUÉBIN, Pascal; LYON, Ernest (Ed. e notas). Paris: Honoré Champion, 1926-1930. 3 v. p. 11–12.

maneira absoluta. Tratava-se de imitar, no aspecto exterior e o máximo possível, o modo de vida e a pregação do catarismo. Nesse sentido, Inocêncio III tentou primeiro com um grupo de valdenses arrependidos e criou a ordem dos *Pobres Católicos*, sob a direção de Durán de Huesca.

Para esse grupo, habituado a uma vida de pobreza e de austeridade, foi fácil assumir o encargo papal, e começou assim uma intensa pregação, de que temos notícia por meio das queixas dos bispos da região e da defesa que o papa fazia do seu trabalho. Essa ordem, com o tempo, foi perdendo o apoio papal e acabou por desaparecer, suspeita de heresia.[21]

Mas o caminho estava aberto. Muito rapidamente surgiram a ordem dos dominicanos e a dos franciscanos, expandindo-se com enorme rapidez por toda a Europa cátara. Suas regras de conduta, sem dúvida, foram tomadas do exemplo do modo de vida herético, com seus próprios conventos citadinos, seu desapego ao mundo e sua sólida instrução intelectual.

Na Idade Média, a religiosidade impregnava até os elementos mais quotidianos da vida humana. A Igreja utilizava esse profundo sentimento religioso para manter o controle e o poder sobre os povos. Ela era a possuidora real do conhecimento, sobretudo graças à atividade dos monges beneditinos e cistercienses, e a única intérprete autorizada. Todavia, ao mesmo tempo, surgia nos ambientes laicos e urbanos um profundo anelo pelo conhecimento de primeira mão.

Fruto desse desejo são as primeiras traduções da Bíblia em língua vernácula, tanto por parte do catarismo como dos valdenses. Esse fato, aparentemente fútil, teve para a Igreja romana grande importância, o que é demonstrado pelos diferentes concílios,[22] nos quais foram tachados de heréticos os textos sagrados

---

[21] GRAU, Sergi. *Cátaros e Inquisición en los Reinos Hispánicos (siglos XII–XIV).* Madrid: Ediciones Cátedra, 2012. p. 187–219.

[22] Vejam-se os Concílios de Toulouse (1229) e de Tarragona (1234) já citados.

traduzidos em língua comum, e foram considerados hereges quem os possuísse, como já se expôs anteriormente.

No Ocidente, a transferência de cultura do mundo religioso para o mundo laico teve lugar com a intervenção direta dessas novas ordens pregadoras, que, com a mesma rapidez com que se implantaram, souberam ocupar seu lugar nas universidades e nos restantes focos de cultura.

Seguindo o modelo cátaro de colocar a racionalidade acima da crença cega para evitar todas as mistificações, dominicanos e franciscanos muito rapidamente dominaram a cultura ocidental. É precisamente no seio dessas ordens, após a perseguição ou a extinção das comunidades cátaras, onde encontramos o surgimento de novas vias de espiritualidade.

Assim, podemos ler na declaração da crente Arnalda de Lamothe:

> A testemunha, sua irmã Perona e sua mãe Austorga, que se encontrava doente, concordaram entre si, e com o herege Bernard de Lamothe e seu companheiro herege, partir de Montalbán para ir a Linars, onde viviam mulheres hereges sob o hábito monacal.[23]

Terão entrado alguns crentes ou perfeitos nessas comunidades? Pode a similitude de suas regras de vida propiciar que alguns bons homens ou boas mulheres mantivessem suas crenças no seio de alguma dessas ordens católicas?

Alguns autores consideram isso perfeitamente plausível, sobretudo no caso da ordem dos franciscanos, onde os *fraticelos* e os beguinos acabaram por ser considerados hereges e queimados em praça pública.

---

[23] DOAT 23, fº 7r-8r apud HANCKE, Gwendoline. *Les Belles Hérétiques, être femme, noble et cathare*. Castelnaud-la-Chapelle: L'Hydre, 2001. p. 74.

Assim o expõe José María Pou:

> É verdade que, no fim do século XIII e no início do século XIV, inúmeros beguinos e beguinas abraçaram a terceira regra do Pobrezinho de Assis, e é também verdade que muitos begardos ou beguinos, devido a contatos perversos com os cátaros e com os valdenses, mancharam-se com diversos erros e práticas, constituindo-se a partir de então, de forma geral, em duas tendências bem distintas; por um lado, a dos begardos, que podem juntar-se — segundo o que deles escreve Fr. Álvaro Pelagio — à seita grosseira do livre espírito, e, por outro, a dos beguinos e beguinas, que mostraram franca propensão para uma vida de pobreza e de espiritualidade.[24]

O que o autor não diz é que essa propensão para uma vida de pobreza e de espiritualidade tinha sido exatamente a divisa principal do movimento cátaro perante os desvios da Igreja oficial.

[24] POU Y MARTÍ, José María. *Visionarios, Beguinos y Fraticelos Catalanes (siglos XIII–XV).* Madrid: Ed. Colegio Cardenal Cisneros, 1991. p. 91.

7. A influência social do catarismo

Os cátaros possuíam numerosos adeptos em todas as classes sociais e organizações, inclusive no seio do clero; gozavam do favor dos príncipes e exerciam em toda a sociedade tal influência que não somente desfrutavam da mais completa liberdade como suscitavam as mais graves dificuldades para os católicos [...] Como explicar essa contradição entre as consequências lógicas que, ao que parece, deviam produzir as doutrinas antissociais e intransigentes do catarismo e a ação considerável que exerceu em seu tempo?[1]

Jean Guiraud

A HISTÓRIA É SEMPRE ESCRITA pelos vencedores. E a história do catarismo foi escrita fundamentalmente pela Igreja romana por meio dos muitos textos teológicos redigidos na época contra essa heresia e pelos numerosos processos inquisitoriais conservados.

Muitos são os exemplos da imagem distorcida que paulatinamente se construiu sobre o catarismo para desprestigiá-lo e excluí-lo, como se fosse a peste.

O jogo de palavras que o filósofo cisterciense Alain de Lille (1128–1202) usou em sua obra *De Fide Catolica*, escrita em Montpellier no fim do século XII, para assinalar que cátaro significa etimologicamente "adorador do gato", imagem de Satã, é um exemplo desse esforço por enquadrar os cátaros em um tipo de

[1] GUIRAUD, Jean. *Histoire de l'Inquisition au Moyen Âge.* Paris: August Picard, 1935. p. 104–105.

classificação que fizesse deles seres maléficos e socialmente rejeitáveis.

O uso de expressões depreciativas contra eles (fedor, pestilência) ou sua identificação com uma doença, como a lepra ou o câncer,[2] pretendia converter os hereges medievais em um grupo isolado e rejeitado socialmente, marcado pelo sinal da peste, tal como mostram alguns autores.[3]

Um exemplo dessa imagem é o mandato que Inocêncio III outorga ao seu legado Raúl de Fontfreda para constituir um grupo de pregadores apostólicos, em 1206. Lemos no início dessa bula:

> Chegou a nossos ouvidos que uma quantidade tal de apóstatas se multiplicou na província de Narbonne que, pelo desfalecimento da espada material, se despreza o espiritual, e que a corrupção das videiras más já se insinua nas plantas católicas, uma vez que para proteger os que ainda não se afundaram como chumbo no mar pestilento, para ajudar o possível os que já se encontram nas masmorras da cegueira, não se encontra ninguém que se levante como uma muralha do Senhor e ouse tapar a brecha.[4]

Os ensinamentos dos cátaros eram igualmente deturpados até o ponto de serem apresentados como uma visão socialmente negativa. Afirmavam que os cátaros viam as grávidas como portadoras do maligno em suas entranhas,[5] ou, então, que advogavam completa liberdade sexual, que permitia inclusive

[2] OLIVER, Antonio. *Tácticas de propaganda y motivos literarios en las cartas antiheréticas de Inocencio III*. Roma: Regnum Dei, 1957. É muito interessante a análise exaustiva que Antonio Oliver faz das cartas anti-heréticas do Papa Inocêncio III.

[3] MOORE, Robert I. *The Formation of a Persecuting Society: Power and Deviance in Western Europe, 950–1250*. Oxford: Blackwell Publishers, 1991.

[4] VICAIRE, M.H. *Saint Dominique, la vie apostolique*. Paris: Éditions du Cerf, 1983. p. 149.

[5] HANCKE, Gwendoline. *Les Belles Hérétiques, être femme, noble et cathare*. Castelnaud-la-Chapelle: L'Hydre, 2001. p. 30.

manter relações promíscuas entre familiares. Assim o explicava, por exemplo, o monge Pierre des Vaux-de-Cernay:

> Não devemos silenciar que alguns hereges diziam que ninguém pode pecar do umbigo para baixo. Chamavam idolatria às imagens que se encontram nas igrejas. Afirmavam que os sinos das igrejas eram as trombetas dos demônios. Diziam, além disso, que não há mais pecado em dormir com a irmã do que com qualquer outra mulher.[6]

Hoje sabemos que todos esses qualificativos não somente não queriam espelhar a realidade do catarismo, mas sobretudo criar uma imagem distorcida, que durante muito tempo definiu esse movimento religioso.

O catarismo foi, sobretudo, um movimento de reforma que pretendia recuperar o verdadeiro sentido original do cristianismo, em sua forma mais depurada, como uma prática de vida fraternal que aspirava à efusão do Espírito Santo, tanto individual como coletivamente. Um movimento de reforma que teve ampla base social em toda a Europa e influenciou enormemente na mudança de mentalidade da sociedade medieval. Ou, pelo menos, confluiu em grande medida com essa mudança de mentalidade ocidental.

No entanto, essa reforma de vida cristã também era contestada. Alguns autores consideravam que o catarismo era o prelúdio de uma anarquia social que acabaria com os fundamentos da convivência, uma vez que rejeitava o juramento, elemento fundamental da sociedade feudal; proibia a morte de outros seres vivos, portanto, negava o serviço militar, e promovia o que hoje denominaríamos de objeção de consciência;

---

[6] VAUX-DE-CERNAY, Pierre des. *Hystoria Albigensis (c. 1213-1218)*. GUÉBIN, Pascal; LYON, Ernest (Ed. e notas). Paris: Honoré Champion, 1926-1930. 3 v. p. 8.

condenava também o direito de coerção na sociedade, favorecendo assim a impunidade dos criminosos.[7] Paradoxalmente, a própria Igreja chegava a comparar esses grupos hereges com as tropas mercenárias que percorriam os caminhos e assolavam tudo o que encontravam em seu caminho.[8]

A época do nascimento, da maturidade e do ocaso do catarismo, entre os séculos XII e XIV, foi um período de grandes mudanças, de considerável desenvolvimento social, que lançou as bases para a Renascença da cultura ocidental.

Na verdade, foi uma época de junção entre dois modelos de civilização que se confrontavam mutuamente: por um lado, um modelo feudal, rígido e autoritário, baseado na divisão de classes, no poder totalitário e no dogma; e, por outro lado, um modelo de cidadania, democrático, muito mais flexível e tolerante, não somente entre as diferentes classes sociais, como também entre as diferentes culturas que conviviam em cada região.

A popularidade do catarismo e sua profunda ancoragem no tecido social de sua época é uma das características que o diferenciam, segundo alguns autores, dos movimentos gnósticos primitivos. Assim o afirma Josep Montserrat:

> Em sua história conhecida no Ocidente, o catarismo não se apresenta como um grupo de elite relativamente a uma massa, no seio de um conjunto mais amplo. Os cátaros não eram cristãos mais sábios ou mais virtuosos ou mais ascéticos. Não apresentavam suas doutrinas como um complemento às crenças católicas, como um nível de conhecimento mais perfeito perante a lei simples. O que acreditavam e pregavam era uma visão totalmente diferente da revelação divina, destinada a substituir completamente os erros da crença católica. Em resumo, os cátaros não somente

---

[7] BELPERRON, Pierre. *La Croisade contre les Albigeois.* Paris: Librairie Plon, 1942. p. 76.

[8] Como se estabelece no cânone 27 do Terceiro Concílio de Latrão. Veja-se *Dictionnaire Universel et Complet des Conciles.* t. I, p. 1057.

> não possuíam uma consciência de seita, como se viam como uma Igreja, uma religião [...] O catarismo não queria ser uma elite mas sim toda a humanidade.[9]

Pela primeira vez no Ocidente, um grupo heterodoxo cristão constituiu uma verdadeira comunidade iniciática aberta a qualquer pessoa, independentemente da condição e da classe social; sem importar a idade, a cultura, o sexo. Igreja iniciática na qual todos podiam ascender até o grau de perfeição, sem intermediários, concessões ou regalias. E os que o alcançavam colocavam-se ao serviço dos outros, seguindo o exemplo evangélico.

Nesse sentido, podemos dizer que o cristianismo cátaro foi um fenômeno revolucionário, um movimento que se propagou rapidamente por toda a Europa ocidental. O catarismo tentou mostrar, na sociedade de sua época, um novo modelo social, que defendia valores tais como a liberdade, o conhecimento, a igualdade e a fraternidade entre todos os seres humanos.

Alguns milhares de perfeitos cátaros foram capazes de viver um cristianismo evangélico, o cristianismo do Sermão da Montanha, como determina o próprio ritual do *consolament*. Seu exemplo vívido expandiu-se de tal forma que, como levedura, elevou a consciência de muitos povos da Europa e foi assim o fermento de grandes reformas em direção a uma sociedade mais justa e igualitária.

Qual foi o caráter dessas reformas? De maneira premonitória, séculos antes da revolução francesa, elas incidiram principalmente sobre três aspectos.

Em primeiro lugar, mostraram o caminho em direção à liberdade mediante o conhecimento e a autonomia individual. Os

[9] TORRENTS, Josep Montserrat. "Sociologie et métaphysique de la Gnose". *Heresis*, Carcassone, n. 23, p. 72, 1994.

cátaros esforçaram-se por erradicar a superstição e a impostura, como elementos de controle social, promovendo o uso da razão livre de dogmas. Foram capazes de explicar com palavras deste mundo o que não é deste mundo.

Deles, Lucas de Tuy afirma:

> De igual modo postulam os hereges que se deve entender, quando as Sagradas Escrituras afirmam que Deus teria feito todas as coisas, tanto as passadas, como as presentes, que Deus manifestou seu poder fazendo surgir todas as coisas da própria natureza. Pelo que a divina providência não teria intervido para criar cada uma das diferentes manifestações no plano da forma; por isso as orações que se oferecem a Deus pelos bens temporais dependem mais do azar e da sorte do que de Deus, pois nada é criado neste mundo senão o que a própria natureza determina.[10]

Sua religião conjugava perfeitamente o espiritual e invisível com a inteligência razoável e a prática do visível. A espiritualidade que revelavam estava dotada de um grande senso comum e de uma visão prática e concreta da vida. Não mantinham seus conhecimentos em segredo, antes, pelo contrário, esforçavam-se por transmiti-los ao conjunto da sociedade.

Assim se explicavam Pèire e Jacme Autier ao crente Pèire de Gailhac no ano 1304:

> Diziam também que o matrimônio de que se fala no Evangelho: "e uniu-se no Cristo" (Mt 19:5)... "e serão os dois uma só carne" (Mc 10:8) era praticado na Igreja romana por simulação e falsificação, e não segundo a palavra de Deus, dado que, como se diz

[10] TUY, Lucas de. *De Altera Vitae fideique controversiis adversus Albigensium errores.* Ingolstadt: Andreas Angermarius, 1613. p. 157.

> no Evangelho, foi no paraíso onde Deus instituiu o matrimônio, e que se tratava de um matrimônio entre a alma e o espírito, participando o mais possível do espiritual e não dos corpos carnais ou do princípio da corrupção, como é o caso na Igreja romana. Pois no paraíso não houve jamais carne corruptível nem outra coisa senão o puro e simplesmente espiritual, e Deus instituiu esse matrimônio para que as almas que tinham caído do céu por inconsciência e por orgulho e se encontravam neste mundo, possam, por meio das núpcias do Espírito Santo, isto é, pelas boas obras e pela abstinência dos pecados, regressar à vida verdadeira e "serem os dois uma só carne".[11]

Sabemos também que os "perfeitos" cátaros trabalhavam para se sustentarem, sempre que o controle inquisitorial não o impedia. Isso permitiu-lhes enorme autonomia pessoal, ao contrário de outros dissidentes, como os valdenses ou os bogomilos,[12] que viviam da caridade de seus fiéis.

Eles consideravam que deviam seguir os preceitos evangélicos: "e trabalhar com as próprias mãos, como vos ordenamos" (1 Ts 4:11); "se alguém não quiser trabalhar, não coma também" (2 Ts 3:10). Somente nos tempos de perseguição, perante a impossibilidade de ter um trabalho estável, aceitavam a ajuda dos fiéis.

Pelo que sabemos das fontes que se conservaram, realizavam os ofícios mais diversos. Guiraud dá-nos uma pequena amostra:

> Muitos [hereges], mantendo seu apostolado e seus costumes

[11] BRENON, Anne. *Le dernier des Cathares, Pèire Autier.* Paris: Perrin, 2006. p. 449.

[12] Segundo Anguélov: *Os perfeitos [bogomilos] ensinavam que o verdadeiro cristão devia somente ocupar-se de sua alma, isto é, não devia preocupar-se em absoluto em adquirir bens materiais.* ANGUÉLOV, Dimitre. *Le Bogomilisme en Bulgarie,* Toulouse: Privat, 1972. p. 91.

> secretos, exerciam um ofício que, por outro lado, dissimulava seu caráter. Um mercador de Roquefort, viúvo ou celibatário, tinha acolhido em casa quatro perfeitas que o serviam; não satisfeitas com cozinhar para ele, elas mesmas iam pescar o peixe que era preciso. Em Montségur, o baluarte da heresia, a perfeita Guilhema d'en Martí era padeira, e havia um perfeito que era moleiro. Em Toulouse, denunciara-se uma mulher, sem dúvida crente, que dava sua lã para fiar a duas perfeitas, pagando uma com seis denários e a outra com um quarto de trigo. Em 1238, no país de Montjois, no Albigeois, havia um sapateiro herético.[13]

Também se mencionam taberneiros, operários transumantes, vendedores ambulantes, comerciantes de rua, mendigos e vagabundos como ofícios que tiveram "papel essencial na propagação das ideias heréticas".[14]

As mulheres cátaras da pequena nobreza ocupavam-se sobretudo "da educação e da formação das filhas da família, para educá-las nos princípios dualistas",[15] mas também executavam trabalhos manuais, como tecer lã. Normalmente viviam em pequenos grupos, em casas de aldeias e em cidades.

Outros foram tutores dos filhos da nobreza, como Bertrán de Saissac, tutor do visconde de Carcassonne, Raimond Roger.[16] Havia monges, clérigos e sacerdotes que abraçaram os ensinamentos cátaros. Certamente, graças à sua pena as primeiras Bíblias foram traduzidas em occitano.[17] No Concílio de Toulouse,

---

[13] GUIRAUD, Jean. *Histoire de l'Inquisition au Moyen Âge.* Paris: August Picard, 1935. t. 2, p. 86–87.

[14] LE GOFF, Jacques (ed.). *Herejías y sociedad en la Europa pre-industrial, siglos XI-XVIII.* Madrid: Editorial Siglo XXI, 1987. p. 211.

[15] DOUAIS, Célestin. *Les albigeois: leurs origines, action de l'église au XIIe siècle.* Paris: [s.n.], 1879. p. 230.

[16] DEVIC, Claude; VAISSÈTTE, Joseph. *Histoire Générale de Languedoc.* Toulouse: J.B. Paya, 1843. t. VI, p. 220.

[17] A proibição de ter a Bíblia em romanço, inclusivamente para os eclesiásticos, sob

no cânone 15, os suspeitos de heresia são proibidos de exercer o ofício de médico:

> Os que são suspeitos de heresia não exercerão a função de médicos; e não se permitirá de modo algum que se aproximem dos doentes, incluindo dos que tenham recebido o viático.[18]

Pelo que sabemos, os médicos cátaros eram apreciados por seus conhecimentos das plantas e suas capacidades terapêuticas:

> Um habitante de Mas-Santes-Puelles, Raimond Bernard, sofria de uma perna. Um crente, Guilhèm de Canast, aconselhou-o que chamasse um certo Arnau Fabre que certamente o curaria [...] Foram buscá-lo na casa dos hereges de Cassès; como não o encontrassem, percorreram toda a região até encontrá-lo finalmente em um bosque na vizinhança de Lanta. Arnau foi ver o doente e deu-lhe um remédio de ervas.[19]

Também se conhece sua profissão como tecelões, como relata Eckbert de Schönau:

> São chamados de tecelões por sua prática de tecer, pois dizem que somente se encontra a verdadeira fé de Cristo e o seu verdadeiro culto nos conventículos que realizam em suas oficinas.[20]

---

suspeita de ser considerado herege, promulgada no Concílio de Tarragona de 1234, revela, sem dúvida nenhuma, o temor da Igreja de perder seus próprios colaboradores.

[18] PELTIER, Ad.-Ch. *Dictionnaire Universel et Complet des Conciles.* Paris: J.-P. Migne, 1847. t. 2, p. 1017.

[19] Ms. 609 de Toulouse, fº 130 apud GUIRAUD, Jean. op. cit., t. 1, p. 351.

[20] Apud DUVERNOY, Jean. *Cathares, vaudois et béguins, dissidents du pays d'Oc.* Toulouse: Privat, 1994. p. 206.

Lucas de Tuy troça da atividade comerciante dos cátaros com a seguinte pergunta:

> Por acaso vedes no Novo Testamento que os apóstolos corriam de feira em feira para traficar e ganhar dinheiro?[21]

Durand de Huesca, por seu turno, é ainda mais explícito:

> Tinham campos, vinhas e casas em propriedade, oficinas, bois, burros, mulas e cavalos de tiro, ouro e prata, e muitos outros bens deste mundo. Trabalhavam noite e dia e davam provas da maior atividade para ganhar dinheiro.[22]

As comunidades cátaras reuniram certamente uma fortuna considerável devido à austeridade em que viviam. É natural que essa situação conduzisse a uma intensa atividade financeira por parte dos mercadores e cambistas do movimento.

Depósitos, empréstimos, moeda fiduciária, etc., estão guardados em diversos registros da Inquisição,[23] mostrando uma incipiente atividade bancária, proibida nesses tempos no âmbito da sociedade católica.

Em segundo lugar, propiciaram a igualdade entre todos os seres humanos, sem distinção alguma. Em uma sociedade medieval na qual os homens estavam divididos em três estratos sociais, totalmente separados entre si, e onde as mulheres tinham papel social muito secundário, os cátaros esforçaram-se por reconhecer todos os seres humanos num plano de igualdade.

---

[21] Apud LUCHAIRE, Achille. *Inocent III et la Croisade des albigeois.* Paris: Librairie Hachette, 1906. p. 12.

[22] Apud DONDAINE, Antoine. "Durand de Huesca et la polémique anticathare". In: *Archivum Fratrum Prædicatorum,* Roma, 1959, p. 231–232.

[23] DOAT 23, fº 217a e fº 295a; PALES-GOBILLIARD, Annette. *Le Livre des sentences de l'inquisiteur Bernard Gui.* Paris: CNRS, 2002. v. 1. p. 381.

Nesse sentido é esclarecedor o relato da participação de Esclarmonde de Foix, irmã do conde de Foix, no colóquio de Pàmias [Pamiers] entre católicos e cátaros. Assim o conta a crônica de Guilhèm de Puylaurens:

> Houve outra disputa em Pàmias, na qual a irmã de Raimond Roger, conde de Foix, protegia abertamente os hereges. O irmão Étienne de Metz disse-lhe: Senhora, ide fiar em vossa roca. Vós não podeis participar em um debate desse gênero.[24]

O cronista não nos elucida se a colérica reação do irmão Étienne, um dos primeiros futuros companheiros de Domingos de Gusmão no convento de Toulouse, deve-se à magistral defesa da heresia por parte de seu oponente feminino, ou ao espanto de ver uma mulher em semelhante e exclusivo debate teológico.

Hoje sabemos de forma categórica que tanto homens como mulheres podiam alcançar o mais alto grau na iniciação cátara. Embora seja certo, pelo que se conhece pelas fontes que utilizamos, que as boas cristãs desempenhavam muito mais raramente seu ministério, as mulheres que tinham recebido o *consolament* podiam em teoria exercer a mesma função sacerdotal que os homens.

Como explicamos no capítulo 6, temos notícia de que elas mantinham intensa pregação nas casas cátaras, onde acolhiam jovens para serem educados no conhecimento do Bem. As perfeitas predicavam também normalmente nos círculos familiares e de mulheres e, na época da perseguição, exerceram suas tarefas pastorais de maneira cada vez mais pública.[25]

Conhecem-se, igualmente, alguns casos de administração do

---

[24] PUYLAURENS, Guillaume de. *Chronique (1145–1275)*. Paris: Peregrinateur, 1976. p. 55.

[25] Podemos encontrar menções sobre as predicações femininas nas fontes inquisitoriais num anexo do artigo: HANCKE, Gwendoline. "La prédication féminine chez les cathares". In: AURELL, Martin (coord.). *Les cathares devant l'Histoire*. Cahors: L'Hydre, 2005.

consolament por parte de uma mulher. Assim explica o nobre Arnau-Roger de Mirepoix, senhor de Montségur, a um deles:

> Assistiram a esse *consolament* a testemunha, Ramón de Perella, o cavaleiro Ramón de Sales de Lordat, Corba, mulher de Ramón de Perella, Azalaïs, irmã da testemunha e mulher do doente, que absolveu seu marido em nome de Deus e dos bons homens, isto é, dos hereges, e Belenguer de Lavelanet.[26]

E o próprio Guilherme Belibasto afirma:

> Pois há boas mulheres como há bons homens, e as boas mulheres têm esse poder e podem receber na morte tanto a homens como a mulheres, se não há bons homens presentes, e as pessoas que são recebidas por boas mulheres salvam-se como se o tivessem sido por bons homens.[27]

E não seria estranho que essa ativa participação feminina no catarismo em alguns casos tivesse influência na comunidade monástica católica feminina. Inocêncio III (1161–1216) formula as dificuldades que a Igreja tem com algumas das suas comunidades monásticas:

> Recebemos recentemente algumas notícias que nos surpreenderam muito: nas dioceses de Burgos e de Valência, as abadessas abençoam abertamente suas próprias religiosas. Se essas cometem uma falta, confessam-nas e, além disso, têm a audácia, quando leem o Evangelho, de pregá-lo publicamente. Visto que isso é, ao mesmo tempo, incongruente e fora do lugar, não o

[26] HANCKE, Gwendoline. "La prédication féminine chez les cathares". In: AURELL, Martin (coord.). *Les cathares devant l'Histoire.* Cahors: L'Hydre, 2005. p. 300.

[27] Jean Duvernoy, *Le Registre d'Inquisition de Jacques Fournier (Évêque de Pamiers) 1318–1325*, p. 774.

> devemos tolerar em absoluto [...] Tentai, pela autoridade apostólica, proibi-lo firmemente. Mesmo que a virgem Maria fosse mais digna e excelente que todos os apóstolos, foi a eles, e não a ela, que Deus confiou as chaves do reino.[28]

Mas a igualdade social mostrava-se, no catarismo, também entre as diferentes classes sociais. Sabemos que os perfeitos cátaros provinham de todos os estratos. Nobres, camponeses, comerciantes, artesãos, clérigos, tinham a possibilidade de seguir o processo de iniciação cátaro e alcançar o grau de "perfeito". Os que então recebiam o *consolament* eram considerados verdadeiros cristãos. Assim, era natural encontrar pessoas da nobreza que se prostravam diante do perfeito e o honravam com o *melhorament,* independentemente de sua origem social.

Em último lugar, mas não menos importante, o catarismo promoveu a união fraternal de todos os seres humanos e o respeito por toda a vida animada, em qualquer de suas formas.

A dama da pequena nobreza Beatriz de Planisoles conta, em seu interrogatório perante a Inquisição, um episódio ilustrativo disso:

> [Algumas damas de Castelverdun] vieram a Toulouse. Chegadas ao albergue, a hospedeira quis saber se eram ou não hereges e deu-lhes vários frangos vivos, dizendo-lhes que os preparassem, pois ela tinha trabalho na cidade, partindo em seguida de casa. No regresso, encontrou os frangos ainda vivos e pediu-lhes a razão pela qual não os tinham matado. Elas responderam que se a hospedeira os matasse, elas os preparariam, mas que de modo algum elas os matariam. Ouvindo isso, a hospedeira foi

[28] Apud MÜLLER, Daniella. "Les connotations féminines dans l'image cathare de Dieu". *Heresis,* Carcassone, n. 31, p. 67–68.

> dizer aos inquisidores que tinha em sua casa duas hereges. Elas foram presas e queimadas.[29]

Em um mundo inundado de violência, egoísmo, lutas e sofrimento, eles foram capazes de manter um ensinamento de não violência absoluta em relação a tudo e a todos, mesmo pondo em perigo a própria vida.

Sua mansidão, sua entrega e sua dedicação converteu-se na imagem mais viva e clara da utopia cristã.

> Por isso, os que pertencem a esse povo, querendo perdoar para ser perdoados, como manda o Senhor, oram ao Pai para que lhes perdoe as dívidas assim como eles perdoam a seus devedores. E há de se saber que eram devedores desde o princípio, isto é, que deviam amar-se reciprocamente [...] Por isso esse povo, no qual cada um ama o outro e perdoa as suas dívidas a todos os devedores, como diz São Lucas, ora ao Pai com estas palavras: "Perdoa-nos os nossos pecados, assim como nós perdoamos os nossos devedores".[30]

A paciência e a alegria com que suportavam as torturas[31] e a morte nas fogueiras eram incompreensíveis para os que exerciam o domínio sobre o mundo.

Eles não conseguiam entender que a *endura* não era um suicídio, porém o resultado de todo um processo de libertação pessoal das cadeias deste mundo, que lhes permitia suportar

---

[29] DUVERNOY, Jean. *Le Registre d'Inquisition de Jacques Fournier (Évêque de Pamiers) 1318–1325*. Paris: Claude Tchou, 2004. p. 265.

[30] ZAMBÓN, Francesco. *El Legado Secreto de los Cátaros.* Madrid: Editorial Siruela, 1997. p. 204–205.

[31] Foi o papa Inocêncio IV, em meados do século XIII, que introduziu a tortura como meio legítimo para arrancar a verdade dos detidos pela Inquisição (Bula *Ad Extirpandam,* 1252).

com doçura e compreensão os padecimentos aos quais eram submetidos.

Assim termina o *Livro dos dois princípios*:

> Acabamos de provar de maneira suficientemente clara, com testemunhos tirados da Sagrada Escritura, que nosso senhor Jesus Cristo mostrou em suas palavras que seus discípulos padeceriam tribulações, perseguições e inclusive a morte pelo seu nome.[32]

Contudo, era sobretudo sua devoção e sua entrega aos outros o que realmente provocava a admiração do povo. Eles não procuravam apenas sua própria "perfeição", seguindo um processo de purificação e renúncia.

Com um sentimento plenamente evangélico, souberam manter-se na sociedade que ainda não estava preparada para realizar esse processo, mostrando vezes sem conta, com seu exemplo e suas obras, que seu caminho não era penoso, difícil e triste mas sim cheio de vitalidade, compreensão e amor. Assim o expressa o ritual do *consolament,* conservado em latim:

> Amarás o Senhor, teu Deus, de todo o teu coração, de toda a tua alma, de todas as tuas forças e de todo o teu espírito, e ao próximo como a ti mesmo. Compreenderás também que é necessário que ames a Deus com verdade, doçura, humildade, misericórdia, castidade e todas as outras virtudes [...] Igualmente, deves compreender que é necessário que sejas leal, tanto nas coisas temporais como nas espirituais, porque se não és capaz de ser fiel nas temporais, dificilmente creríamos que o possas ser nas espirituais.[33]

---

[32] ZAMBÓN, Francesco. *El Legado Secreto de los Cátaros.* Madrid: Editorial Siruela, 1997. p. 132.

[33] NELLI, René. *Écritures Cathares.* Mônaco: Éditions du Rocher, 1995. p. 255–256.

A reforma empreendida pelo catarismo na Idade Média não foi destruída por aqueles que se opuseram a ela. Os valores que propugnaram, de maneira tão avançada para o seu tempo, permaneceram na consciência humana.

A sociedade soube abrir caminho em direção à liberdade, à igualdade e à fraternidade que hoje, sem nenhuma dúvida, são valores inalienáveis da cultura humana. Assim, o sacrifício daquelas *boas gentes* não foi em vão, porque seu legado continua ainda presente como referência valiosa.

Desse modo, podemos compreender o sentido da lenda e da profecia que se escreveu acerca dos cátaros e, com o tempo, chegou a nós com algumas modificações:

Após setecentos anos, o loureiro renascerá
sobre a cinza dos mártires.[34]

---

[34] Esse texto, que ficou lendário, pertence a um poema occitano de Felibre August Teulié (1861–1920), cujo título é *Mountsegur,* e que serviu de prefácio à obra de Louis Gaussen, publicada em 1905: *Montségur, roche tragique.*

8. Bibliografia essencial

A PRESENTE BIBLIOGRAFIA, que forma parte do fundo do Centro de Estudos Cátaros de Barcelona, foi dividida em quatro tópicos principais para facilitar a busca das obras por temas: catarismo; Inquisição; cristianismo heterodoxo; contexto histórico e religioso. Cada tópico, por sua vez, está dividido em fontes originais e ensaios.

O catarismo

Fontes originais

ALANI (Alain de LILLE). *Adversus Haereticos, et Valdenses, qui postea Albigenses dicti.* Paris: Typographia Petri Chevalier, 1612.

ALANI DE INSULIS. *De fide catolica contra hæreticos sui tempori præsertim albigenses.* Patrologia Latina, Migne, J.P. t. 210.

BAZZOCCHI, Dino. *L'eresia cattara.* Bolonia, 1920. [*De erroribus catharorum,* de Iacobus de Capellis, e apêndice]. 2 v.

BERNARDI ABBATIS FONTIS CALDIS. *Adversus waldensium sectam.* Patrologia Latina. Migne, J.P. t. 204.

BONACURSUS. *Ex haeretico catholicus, Vita haereticorum.* Patrologia Latina, Migne, J.P. t. 204.

BRUSCHI, Caterina. *Liber suprastella de Salvo Burci.* Roma: Istituto Storico Italiano per il Medio Evo (Fonti per la Storia dell Italia Medievale), 2002.

CLÉDAT, Léon. *Le Nouveau Testament, traduit au XIIIè Siècle en Langue Provençale suivi d'un Rituel Cathare.* Paris: Ernest Leroux, 1887.

DÖLLINGER, Ignaz von. *Beiträge zur Sektengeschichte des Mittelalters.* Munique: 1890 (reimp. Darmstadt: Wissenschaftliche Buchgesellschaft, 1968). 2 v.

DONDAINE, Antoine. *Un traité néo-manichéen du XIIIè. Siècle: le. Liber de Duobus Principiis.* Roma: Instituto Storico Domenicano S. Sabina, 1939.

ECBERTI SCHONAUGIENSIS. *Sermones: Adversus pestíferos foedissimos que Catharorum qui Manicheorum haeresim innovarunt...* Patrologia Latina, Migne, J.P. t. 195.

ERMENGAUDUS. *Opusculum Ermengaudi contra hæreticos.* Patrologia Latina, Migne. J.P., t. 204.

GAY, Jean. *Histoire des schismes et hérésies des Albigeois, par laquelle appoert que plusieurs grands princes et seigneurs sont tombezen extrêmes désolations et ruynes, pour avoir favorisé aux hérétiques, par Jean Gay, procureur en la Cour du Parlement de Toulouse, 53 folios.* Paris: Gaultier, 1561, Millet, 1589.

LECOY DE LA MARCHE, A. *Anecdotes historiques, légendes et apologues tirés du recueil inédit d'Etienne de Bourbon, dominicain du XIIIè siècle.* Paris: Librairie Renouard, 1877.

LUCÆ TUDENSIS (Lucas de TUY). *Contra sectam valdensium et De altera Vita, fideique controversiis adversus Albigensium errores.* Ingolstadt: Andreas Angermarius, 1613.

MANSELLI, Raoul. *Una "summa auctoritatum" antihereticale (Ms. 47 della bibliothèque municipale di Albi).* Roma: Accademia Nazionale dei Lincei, 1985. Série 8, v. 28, fasc. 6.

MONETÆ CREMONENSIS (Moneta de CREMONA). *Adversos Catharos et Valdenses.* Roma: Typographia Palladis, 1743.

NELLI, René. *Écritures Cathares.* Mônaco: Éditions du Rocher, 1995.

PATSCHOVSKY, Alexander. *Der Passauer Anonymus: Ein Sammelwerk über Ketzer, Juden, Antichrist aus der Mitte des XIII. Jahrhunderts.* Sttutgart: Anton Hiersemann, 1968.

PRÆPOSITINUS OF CREMONA. *The Summa contra hæreticos.* Joseph N. Garvin & James A. Corbett, New York, University of Notre Dame, 1958.
THOUZELLIER, Christine. *Rituel Cathare.* Paris: Les Éditions du Cerf, 1977.
_____. *Une Somme anti-cathare: Le livre contra manicheos de Durand de Huesca.* Louvain: Université Catholique de Louvain, 1964.
_____. *Livre des Deux Principes.* Paris: Les Éditions du Cerf, 1973.
TORQUEMADA, Juan de. *Symbolum pro informationes manicheorum (el bogomilismo en Bosnia).* Burgos: Hijos de S. Rodríguez, 1958.
WUNDERLI, Peter (ed.). *Le Nouveau Testament de Lyon.* Tübingen: A Francke Verlag, 2009. 2 v.
ZAMBÓN, Francesco (ed.). *El legado secreto de los Cátaros.* Madrid: Ediciones Siruela, 1997.

Ensaios

ADROER, Anna M.; CATALÀ, Pere. *Càtars i Catarisme a Catalunya.* Barcelona: Rafael Dalmau Editor, 1996.
AURELL, Martin (dir.). *Les cathares devant l'histoire.* Cahors: L'Hydre, 2005.
BENOIST, Jean. *Histoire des Albigeois et des Vaudois, ou Barbets (1691).* USA: reprint Kessinger Publishing's, 2009. v. 1.
BORST, Arno. *Les Cathares.* Paris: Payot, 1984.
BOSSUET, Jacobo Benigno. *Historia de las Variaciones de las Iglesias Protestantes.* Barcelona: Librería Religiosa, 1852. 2 t.
BROECKX, Edmond. *Le catharisme. Étude sur les doctrines, la vie religieuse et morale, l'activité littéraire et les vicissitudes de la Secte Cathare avant la Croisade.* Lovaina: Universitas Catholica Lavaniensis, 1916.
BOZÓKY, Edina. *Bogomiles, patarins et cathares.* Toulouse: Slavica Occitania, n. 16, 2003.

BRENON, Anne. *El veritable rostre dels càtars, creences i estil de vida.* Barcelona-Lleida: Pagès Editors & Edicions Proa, 1998.

_____. *La verdadera historia de los cátaros.* Barcelona: Ediciones Martínez Roca, 1997.

_____. *Mujeres víctimas de la hoguera: La herejía de los cátaros a través de sus mujeres.* Madrid: Susaeta Ediciones, 2003.

_____. *Les archipels cathares.* Castelnaud-la-Chapelle: L'Hydre, 2003.

_____. *Le choix hérétique, dissidence chrétienne dans l'Europe médiévale.* Cahors: La Louve, 2006.

_____. *Le Dernier des Cathares, Pèire Autier.* Paris: Perrin, 2006.

BRUNN, Uwe. *Des contestataires aux «cathares», Discours de réforme et propagande antihérétique dans les pays du Rhin et de la Meuse avant l'Inquisition.* Paris: Institut d'Études Augustiniennes, 2006.

DOUAIS, Célestin. *Les albigeois. Leurs origines. Action de l'église au XII siècle.* Paris: Didier et Cie., 1879.

DALMAU, Antoni. *Els càtars.* Barcelona: UOC, 2002. (livro + CD)

DUVERNOY, Jean. *Cathares, Vaudois et Béguins, dissidents du pays d'Oc.* Toulouse: Privat, 1994.

_____. *La Religion des Cathares.* Toulouse: Privat, 1976.

_____. *L'Histoire des Cathares.* Toulouse: Privat, 1979.

FARGE, Bertran de la. *Lumières Cathares. Permanence et actualité de la voie mystique chrétienne.* Paris: Dervy, 2008.

GADAL, Antonin. *Héritage des cathares, le druidisme.* Haarlem: Rozekruis Pers, 1994.

GADAL, Antonin. *En el Camino del Santo Grial.* Zaragoza: Fundación Rosacruz, 1996.

GRAU TORRAS, Sergi. *Cátaros e Inquisición.* Madrid: Ediciones Cátedra, 2012.

GUIRAUD, Jean. *Cartulaire de Notre-Dame de Prouille, précédé d'une étude sur l'albigéisme languedocien aux* XII *et* XIII *siècles.* Paris: Alphonse Picart et fils, 1907.
HANCKE, Gwendoline. *Les belles Hérétiques.* Castelnaud-la-Chapelle: L'Hydre, 2001.
HANCKE, Gwendoline. *L'hérésie en héritage.* Cahors: La Louve, 2006.
JAS, Michael. *Cathares et Protestants.* Sète: Nouvelles Presses du Languedoc, 2011.
JIMÉNEZ-SÁNCHEZ, Pilar. *Les catharismes. Modèles dissidents duina christianisme médiéval* (XIIè.–XIIIè. *Siècles).* Rennes: Presses Universitaires de Rennes, 2008.
KOCH, Gottfried. *Frauenfrage und Ketzertum im Mittelalter: die Frauenbewegung im Rahmen des Katharismus und des Waldensertums und ihre sozialen Wurzeln (12.–14. Jahrhundert).* Berlin: Akademie, 1962.
LABAL, Paul. *Los cátaros, herejía y crisis social.* Barcelona: Crítica, 1984.
LAFONT, DUVERNOY, ROQUEBERT, LABAL, MARTEL. *Les Cathares en Occitanie.* Poitiers: Fayard, 1982.
LAMBERT, Malcom. *Otra Historia de los Cátaros.* Barcelona: Martínez Roca, 2001.
LANSING, Carol. *Power and purity. Cathar Heresy in Medieval Italy.* Oxford: Oxford University Press, 1998.
LEROY LADURIE, Emmanuel. *Montaillou, village occitan de 1294 à 1324.* Saint Amand: Folio, 1975.
LEROY LADURIE, Emmanuel (dir.). *Autour de Montaillou.* Cahors: L'Hydre, 2001.
MAITLAND, S.R. *Facts and documents illustrative of the history, doctrine and rites ancient albigenses & waldenses.* London: C.J.G. and F. Rivington, 1832.
MANSELLI, Raoul. *L'eresia del male.* Nápoles: Morano, 1963.

MARTEL, Philippe. *Les cathares et l'histoire. Le drame cathare devant ses historiens.* Toulouse: Privat, 2002.
MAURIN, Krystel. *Les Esclarmonde. La femme et la féminité dans l'imaginaire du catharisme.* Toulouse: Privat, 1995.
MELERO, Luis. *Cátaros, la libertad aniquilada.* Barcelona: El Cobre, 2007.
MUNDY, John H. *The repression of catharism at Toulouse, the royal diploma of 1279.* Toronto: Pontifical Institute Maedieval Studies, 1985.
_____. *Men and women at Toulouse in the age of the Cathars.* Toronto: Pontifical Institute of Mediaeval studies, 1990.
NELLI, René. *Diccionario del Catarismo.* Palma de Mallorca: J.J. Olañeta, 1997.
_____. *Cátaros.* Barcelona: Martínez Roca, 1989.
_____. *Cátaros del Languedoc en el S. XIII.* Palma de Mallorca: J.J. Olañeta, 2002.
_____. *Vida Cotidiana entre los Cátaros.* Barcelona: Argos Vergara, 1984.
_____. *Musée du Catharisme.* Toulouse: Privat, 1991.
_____. *Le Phénomène cathare.* Toulouse: Privat, 1964.
_____. *La philosophie du catharisme.* Paris: Payot, 1975.
NELLI, René et al. *Spiritualité de l'hérésie.* Toulouse: Privat, 1953.
NIEL, Fernand. *Cátaros y Albigenses.* Barcelona: Obelisco, 1998.
_____. *Montségur, temple et forteresse des cathares d'Occitanie.* Grenoble: Imprimierie Allier, 1967.
_____. *Queribus, dernière forteresse cathare.* Paris: Edit. Robert Laffont, 1988.
OLDENBOURG, Zoé. *Hoguera de Montségur.* Barcelona: Edhasa, 2002.
O'SHEA, Stephen. *Los Cátaros, la herejía perfecta.* Buenos Aires: Ediciones B, 2005.

PAILHES, Claudine. *L'Ariège des comtes et des cathares*. Toulouse: Milan, 1992.

PALAIS, Coincy-Saint. *Esclarmonde de Foix, Reine Jayme II de Majorque*. Paris: JF, 1968.

_____. *Ville Sainte des Cathares*. Paris: Chez l'auteur-editeur, 1960.

_____. *Donjons et Castels au Pays des Cathares*. Orne: Imprimerie de Montligeon, 1964.

PALADILHE, Dominique. *Les grandes heures cathares*. Évreux: Perrin, 1969.

PEYRAT, Napoléon. *Histoire des Albigeois. Les Albigeois et l'Inquisition*. Paris: Librairie Internationale, 1870. 3 t.

PIKAAR, S.A. *Endura, jeune ou suicide?* Utrecht: Elinkwijk, 1996.

POUPIN, Roland. *Les Cathares, l'Âme & la Réincarnation*. Portet--sur-Garonne: Loubatières, 2000.

_____. *Papauté, les cathares & Thomas d'Aquin*. Loubatières: Portet--sur-Garonne, 2000.

RAHN, Otto. *Cruzada contra el Grial*. Madrid: Hiperión, 1982.

ROCHÉ, Déodat. *Le Catharisme*. Narbonne: Éditions Cahiers d'Études Cathares, 1973–1976. t. 1 e 2.

_____. *Catharisme*. Carcassonne: Les Imprim. Gabelle, 1937.

_____. *L'église romaine et les cathares albigeois*. Arques: Cahiers d'Études Cathares, 1957.

_____. *Le catharisme*. Lyon: Éditions de Poliphile, 2004.

_____. *Le catharisme*. Toulouse: Institut d'Études Occitans, 1947.

_____. *Études manichéennes et cathares*. Éditions des Cahiers d'Etudes Cathares, 1952.

ROCHE, Julien. *Une Église Cathare, L'évêché du Carcassès: Carcassone, Béziers, Narbonne, 1167–début du XIVè siècle*. Cahors: L'Hydre, 2005.

ROQUEBERT, Michel. *Nosotros, los cátaros, prácticas y creencias de una religión exterminada*. Barcelona: Editorial Crítica, 2010.

_____. *Epopée Cathare*. Poitiers: Perrin/Privat, 2001. 2 t.

ROY, Philippe. *Les cathares, Histoire & Spiritualité.* Lyon: Éditions du Cosmogone, 2003.

_____. *Consolament Cathare.* Paris: Dervy, 1996.

_____. *L'Église Cathare.* Lyon: Éditions du Cosmogone, 2011.

RUNCIMAN, Steve. *Le manichéisme médiéval, l'hérésie dualiste dans le christianisme.* Paris: Payot, 1972.

ŠANJEK, Franjo. *Les Chrétiens Bosniaques et le mouvement Cathare.* Louvain: Nauwelaerts, 1976.

SCHMIDT, Charles. *Histoire et Doctrine de la secte des Cathares ou Albigeois.* Paris: J. Cherbuliez Libraire, 1848 (Bayonne: Harriet, 1983).

SÖDERBERG, Hans. *La religion des Cathares, Étude sur le Gnosticisme de la Basse Antiquité et du Moyen Age.* Uppsala: Almquist & Wiksells Boktryckeri AB, 1949.

SOULA, René. *Les cathares, entre legende et histoire.* Puylaurens: Institut d'Estudis Occitans, 2005.

THOUZELLIER, Christine. *Catharisme et Valdéisme en Languedoc a la fin du XIIè et au début du XIIIè siécle.* Paris: Presses Universitaires de France, 1966.

_____. *Hérésie et Hérétiques, Vaudois, Cathares, Pataris, Albigeois.* Roma: Edizioni di Storia e Letteratura, 1969.

VACANDARD, E. *Cathares: Les origines de l'hérésie albigoise.* Nîmes: Lacour, 2001.

ZERNER, Monique. *L'histoire du Catharisme en discussion, Le "Concile" de Saint-Félix (1167).* Nice: Centre d'Études Médiévales, 2001.

_____. *La croisade albigeoise.* Paris: Gallimard, 1979.

A Inquisição

Fontes

ALATRI, Mariano d'. *L'inquisizione Francescana*. Roma: Istituto Storico dei Cappuccini, 1996.

_____. *Eretici e Inquisitori*. Roma: Istituto Storico dei Cappuccini, 1986–2009. 2 t.

DOUAIS, Célestin. *Comunicatio bonorum virorum consilio des sentences inquisitoriales*. Paris: Librairie Émile Bouillon, 1898.

_____. *Documents pour servir a l'histoire de l'inquisitions dans le Languedoc*. Paris: Librairie Honoré Champion, 1900. 2 t.

_____. *La procédure inquisitoriale en Languedoc au quatorzième siècle: d'après un procès inédit de l'année 1337*. Toulouse: Privat, 1900.

_____. *La somme des autorités a l'usage des prédicateurs meridionaux au XIII siècle*. Paris, Picard, París, 1896.

DUVERNOY, Jean. *Le Dossier de Montségur*. Paris: Pérégrinateur, 1998.

_____. *Le Registre d'Inquisition de Jacques Fournier*. Paris: Claude Tchou, 2004. 3 t.

GUI, Bernard. *Manuel de l'Inquisiteur*. Paris: Librairie Ancienne Honoré Champion, 1926–1927. 2 t.

HAURÉAU, Bernard. *Bernard Délicieux et l'inquisition albigeoise 1300*. Loubatières: Portet-sur-Garonne, 1992.

LIMBORCH, Philippus van. *History of the Inquisition*. Farmington Hills, USA: Gale Ecco Print Editions, 2010.

MOLINIER, Charles. *Rapport a M. le Ministre de l'instrucción publique sur une mission exécutté en Italie de Février a avril 1885 (manuscrits de croyances hérétiques du XII au XIV siècle et de procédure inquisitorial)*.

PALES-GOBILLIARD, Annette. *Le Livres des Sentences de l'Inquisiteur Bernard Gui (1308–1323)*. Paris: CNRS, 2002. 3 t.

_____. *L'inquisiteur Geoffroy d'Abblis et les Cathares du Comté de Foix.* Paris: CNRS, 1984.
PATSCHOVSKY, Alexander. *Quellen zur Böhmischen Inquisition im 14. Jahrhundert.* Weimar: Hermann Böhlaus Nachfolger, 1979.
RIPOLL, T. *Bullarium ordinis Fratum Prædicatorium.* Roma: Hieronymus Mainardi, 1779–90. 2 v.
THÉRY, Julien. *Le livre des sentences de l'inquisiteur Bernard Gui (extraits choisis).* Paris: CNRS, 2010.
VIDAL, J.M. *Bullaire de l'Inquisition française au XIV siècle et jusqu'à la fin du grand schisme.* Paris: Librairie Letouzey et Ané, 1913.

Ensaios

BRENON, Anne. *Inquisition à Montaillou, Guillelme et Pèire Maury, deux croyants cathares devant l'histoire (1300–1325).* Cahors: L'Hydre, 2004.
CAUZONS, T. de. *Les albigeois et l'inquisition.* Paris: Sciencies et Religions, 1908.
DONDAINE, Antoine. *Les hérésies et l'Inquisition (XIIè–XIIIè siècles).* Aldershot: Ashgate Publishing Limited, 1999.
DOSSAT, Yves. *Les crises de l'inquisition toulosaine au XIII siècle (1233–1273).* Burdeos: [s.n.], 1959.
DOUAIS, Célestin. *L'inquisition: ses origines, sa procedure.* Paris: Librairie Plon, 1906.
_____. *L'albigéisme et les Frères Prêcheurs a Narbonne au XIII siècle.* Paris: Picard, 1894.
ESMEIN, A. *Histoire de la procédure criminell en France et spécialment de la procédure inquisitoire depuis le XIII siècle à nous jours.* Paris: L. Larose et Forcel, 1882.
FRÉDÉRICQ, P. *Historiographie de l'Inquisition.* Paris: Société nouvelle de librairie et d'édition, 1900.
GUIRAUD, Jean. *Histoire de l'Inquisition au Moyen Age.* Paris: Auguste Picard, 1938. 2 t.

KALTNER, Balthasar. *Konrad von Marburg und die inquisition in Deutschland.* Praga: Verlag von F. Tempsry, 1882.

LAMARRIGE, A-M. *Bernard Gui (1261–1331), Un historien et sa méthode.* Paris: Honoré Champion, 2000.

LAMOTHE-LANGON, E.L.B. de. *Histoire De l'inquisition en France.* Paris: J.-G. Dentu imprimeur, 1829. 3 t.

LEA, Henry Charles. *Histoire de l'inquisition au Moyen Âge.* Paris: Robert Laffont, 2004.

LLORENTE, Juan Antonio. *Historia crítica de la inquisición en España.* Madrid: Hiperión, 1981. 4 t.

MAISONNEUVE, H. *Études sur les origines de l'inquisition.* Paris: Vrin, 1960.

MERLO, Grado Giovanni. *Contro gli eretici: la coercizione all'ortodossia prima dell'inquisizione.* Bolonha: Il Mulino, 1996.

_____. *Inquisitori e Inquisizione del Medioevo.* Bolonha: Il Mulino, 2008.

MOLINIER, Charles. *L'Inquisition dans le Midi de la France au XIII et au XIVè siècle.* Paris: Librairie Sandoz et Fischbacher, 1880 (Reprint Kessinger Publishing's, USA, 2011).

MÜLLER, Daniela. *Frauen vor der Inquisition: Lebensform, Glaubeuszeugnis und Aburteilung der deutschen und französischen Katarerinnen.* Mainz: Edit. Philipp von Zabern, 1996.

SEGL, Peter. *Die Anfänge der Inquisition in Mittelalter. Beyreuther Historische Kolloquien.* Weimar: Bölhau Verlag, 1993.

SMITH, Damian J. *Crusade, Heresy and Inquisition in the Lands of the Crown of Aragon, (c. 1167–1276).* Leiden: Brill, 2010.

TANON, Célestin Louis. *Histoire des tribunaux de l'inquisition en France.* L. Larose & Porcel, 1893.

VACANDARD, E. *L'inquisition. Étude historique et critique sur le pouvoir coercitif de l'Église.* Paris: Lib. Blond, 1907.

ZERNER, Monique. *Inventer l'hérésie? Discours polémiques et pouvoirs avant l'Inquisition.* Nice: Collection du Centre d'Etudes médiévales de Nice, 1998.

A heterodoxia cristã

Fontes

BOZÓKY, Edina. *Le Livre Secret des Cathares, Interrogatio Johannis.* Paris: Beauchesne, 1980.
GONNET, Giovanni. *Enchirion Fontium Valdensium.* Torino: Libreria Editrice Claudiana, 1958. t. 1; 1998. t. 2.
HAHN, Christoph Ulrich. *Geschichte der Ketzer im Mittelalter: besonders im 11, 12 und 13 Jahrhundert; nacht den Quellen bearbeitet.* Aalen: Scientia, 1968. 2 v.
_____. *Geschichtte der neu-manichäischen Ketzer. Quellengemäg blarblitet.* Stuttgart: J.F. Steinkopschen Buchandlung, 1845.
HAMILTON, Bernard; HAMILTON, Janet. *Christian dualist heresies in the Byzantine word c.650–c.1450, selected sources.* Manchester: Manchester University Press, 1998.
ILARINO DA MILANO. *L'eresia di Ugo Speroni nella confutazione del Maestro Vacario. Testo inedito del secolo XII con studio storico e dottrinale.* Cidade do Vaticano: Biblioteca Apostolica Vaticana, 1945.
MONACHI, Guillaume. *Contre Henry Schismatique & Hérétique suivi de Contre les Hérétiques et schismatiques (Anonyme).* ZERNER, Monique (Prefácio). Paris: Les Éditions du Cerf, 2011.
PUECH, Henry-Charles; VAILLANT, André. *Le Traité contre les Bogomiles de Cosmas le Prêtre.* Paris: Imprimerie Nationales, 1945.
TISSERANT, Eugène. *Ascension d'Isaïe.* Paris: Letouzey et Ané Editeurs, 1909.

WAKEFIELD, Walter; EVANS, Austin F. *Heresies of the Middle Ages.* New York: Columbia University Press, 1969.

Ensaios

ANGUÉLOV, Dimitri. *Le bogomilisme en Bulgarie.* Toulouse: Privat, 1972.

BERKHOUT, Carl; RUSSELL, Jeffrey B. *Medieval Heresies. A Bibliography (1960–1979).* Toronto: Pontifical Institut of Medieval Studies, 1981. (2017 títulos).

BILLER, Peter. *The waldenses: 1170–1530: between a religious order and a church.* Ashgate: Aldershot, 2001.

_____. *The Medieval Church: Universities, Heresy, and the religious life: Essays in Honour of Gordon Leff.* Saffron Walden, UK: Ecclesiastical History Society, 1999.

BONET-MAURY, G. *Les précurseurs de la réforme et de la liberté de conscience dans les pays latins du* XIIe *au* XVe *siècle.* Paris: Fischbacher, 1904; Genève: Slatkine, 1969.

CAMERON, Euan. *Waldenses: rejections of Holy Church in Medieval Europe.* Oxford: Blackwell, 2000.

COMBA, Ernesto. *Historia de los valdenses.* Terrassa: Editorial Clio, 1987.

DETKOVA, Irina. *Bogomilismo e dualismo iránico. Il neomanicheismo.* Tese (Doutorado) — Universidade de Bolonha, Bolonha, 2008.

GRUNDMANN, Herbert. *Ketzer Geschichte des Mittelalters.* Berlin: Evangelische Verlagsanstalt, 1970.

_____. *Religious movements in the Middle Ages: the historical links between heresy, the mendicant orders, and the women's religious movement in the twelfth and thirteenth century, with the Historical Foundations of German Mysticism.* Indiana: University of Notre Dame Press, 1995.

LAMBERT, Malcom. *Medieval heresy. Populars movements from*

the Gregorians Reform to the Reformation. Oxford: Blackwell Publishing, 2008.

LEFF, Gordon. *Heresy in the later middle ages: the relations of heterodoxy to dissent c. 1250–c. 1450.* Manchester: Manchester University Press, 1967. 2 t.

LE GOFF, Jacques (edit.). *Herejías y sociedades en la Europa preindustrial XI–XVIII.* Madrid: Editorial Siglo XXI, 1987.

LERNER, R.E. *The heresy of the Free Spirit in the later Middle Ages.* Los Angeles: Berkeley, 1972.

LOMBARD, Alexander. *Pauliciens, Bulgares et bons-hommes en Orient et Occident.* Genève & Bâle: H. Georg, Librairie-Editeur, 1879.

LOOS, Milan. *Dualist heresy in the Middle Ages.* Prague: Academie The Hague, 1974.

MANSELLI, Raoul. *Spirituels et béguins du Midi.* Toulouse: Privat, 1989.

MANTEUFFEL, Tadeusz. *Naissance d'une hérésie, les adeptes de la pauvreté volontaire au Moyen Àge.* Paris: Mouton, 1963.

MERLO, Grado Giovanni. *Eretici e eresie medievali.* Bolonha: Il Mulino, 1989.

MITRE FERNÁNDEZ, Emilio. *Marginados, disidentes y desplazados en la Edad Media.* Granada: Universidad de Granada, 2003.

_____. *Los credos medievales y el espejo de la herejía.* Madrid: A.C. Castellum, 2006.

_____. *Iglesia, herejía y vida política en la Europa medieval.* Madrid: Biblioteca de Autores Cristianos, BAC, 2007.

_____. *Sociedad y herejía en el occidente medieval.* Algorta: Zero, 1972.

_____. *Las herejías medievales de Oriente y Occidente.* Madrid: Arco Libros, 2000.

_____. *Ortodoxia y herejía entre la antigüedad y el medievo.* Madrid: Editorial Cátedra, 2003.

MITRE FERNÁNDEZ, Emilio; GRANDA, Cristina. *Las grandes herejías de la Europa cristiana.* Madrid: ISTMO, 1999.
OBOLENSKY, Dimitri. *The Bogomils, a Study in Balkan Neo-Manichaeism.* Cambridge: Cambridge University Press, 1948.
PRIMOV, Borislav. *Les bougres. Histoire du peuple bogomil et de ses adeptes.* Paris: Payot, 1975.
VENTURA, Jordi. *Heretges catalans.* Barcelona: Editorial Selecta, 1976.

Contexto histórico e religioso

Fontes

BAUDON DE MONY, CH. *Relations politiques des Comtes de Foix avec la Catalogne jusqu'au commencement du XIV siècle.* Paris: Picard, 1896. 2 t.
CHASSANION, Jean. *Histoire des albigeois touchant leur doctrine et religion, contre les faux bruits qui ont été sèmes d'eux et les écrits dont on les a à tort diffamés ; et de la cruelle et longue guerre qui leur a été faite pour ravir les terres et seigneuries d'autrui, sous couleur du vouloir extirper l'hérésie. Le tout recueilli fidèlement de deux vieux exemplaires écrits à la main, l'un en langage du Languedoc, l'autre en vieil françois.* Réduite en quatre livres par Jean Chassanion de Monistrol, De Saintandré, Ginebra, 1595.
DEVIC, Claude; VAISÈTE, Joseph. *Histoire Générale de Languedoc.* Toulouse: Édouard Privat, 1875. t. 5 a t. 8.
DIAGO, Francisco. *Historia de la provincia de Aragón y de la orden de predicadores.* Barcelona: Sebastian de Cormellas, 1599.
FAURIEL, Claude (Éd.). *Chanson de la croisade contre les Albigeois (provençal-françois, 1837) Histoire de la croisade contre les hérétiques albigeois écrite en vers provençaux par un poète contemporain.* Paris: Imprimerie Royale, 1937.

FORNIER, Jean. *L'histoire des guerres faictes en plusieurs lieux de France, tant en la Guyenne et Languedoc contre les hérétiques que ailleurs contre certains ennemis de la couronne.* Toulouse: Colomier, 1562.

GLABER, Raoul. *Chronique de l'an Mil.* Clermont-Ferrand: Paleo, 2011.

GONZALVO I BOU, Gener. *Les constitucions de pau i treva de Catalunya (segles XI–XIII).* Barcelona: Generalitat de Catalunya, 1994.

GUIBAL, G. *Le poème de la croisade contre les Albigeois, au l'Épopée nationale de la France du Sud au XIIIè siècle.* Toulouse: A. Chauvin, 1863.

PELHISSON, Guillaume de. DUVERNOY, Jean (Éd.). *Chronique.* Toulouse: Ousset, 1958.

PUYLARENS, Guillaume de. DUVERNOY, Jean (Éd.). *Chronique (1145–1275).* Toulouse: Pérégrinateur, 1996.

TUDÈLE, Guillaume de. MEYER, Paul (Éd.) *La chanson de la croisade.* Paris: Librairie Renouard, 1875. 2 t.

_____. *Cançó de la Croada contra els Albigesos.* Barcelona: Proa, 2003.

LANGLOIS, J.-B. *Histoire des croisades contre les Albigeois, depuis la naissance de cette hérésie en 1106 jusqu'en 1270.* Rouen: Nic. Le Boucher, 1703.

MOLINIER, Charles. *Catalogue des actes de Simon et Amauri de Montfort.* Paris: Bibliothèque de l'École des Chartres, 1873. t. 34, 1ª e 2ª parte.

PERRIN, Jean-Paul. *Histoire des chrétiens albigeois contenant les longues guerres, persécutions qu'ils ont souffert à cause de la doctrine de l'Evangile.* Genebra: Mathieu Berjon, 1618.

QUATRESOUX DE PARCTELAINE, Antoine. *Histoire de la guerre contre les albigeois.* Paris: A La Librairie Universelle, 1883.

VAUX-DE-CERNAY, Pierre des. (Éd. Pascal Guébin et Henry

Maisonneuve). *Histoire Albigensis*. Paris: Librairie Philosophique J. Vrin, 1951.

Ensaios

DOSSAT, Yves. *Église et hérésie en France au XIIIè siècle*. London: Variorum reprints, London, 1982.
GARRIGOU, Adolphe. *Études historiques sur l'ancien pays de Foix et le Couseran*. Toulouse: Bompart Librairie, 1856.
HAMILTON, Bernard. *The albigensian crusade*. London: The Historical Association, 1974.
_____. *Religion in the medieval west*. London: Edward Arnold, 2003.
GOFF, Jacques le. *San Francisco de Asís*. Madrid: Ediciones Akal, 2003.
GOFF, Jacques le. *El dios en la Edad Media*. Madrid: Editorial Trotta, 2004.
IOGNA-PRAT, Dominique. *Ordonner et exclure. Cluny et la société chrétienne face à l'hérésie, au judaïsme et à l'islam (1000–1150)*. Paris: Aubier, 1998.
KIENZLI, Beverly M. *Cistercians, Heresy and Crusade in Occitania, 1145–1229*. Suffolk: York Medieval Press, 2001.
LOBRICHON, Guy. *La religion des laïcs en Occident, XI–XV*. Paris: Hachette, 1994.
LUCHAIRE, Achille. *Innocent III et la croisade des albigeois*. Paris: Hachette, 1905.
LLORCA G. VILLOSLADA, Laboa. *Historia de la Iglesia Católica*. II. Edad Media (800–1303): la cristiandad en el mundo europeo y feudal. Madrid: Biblioteca de Autores Cristianos, 2003.
MANSELLI, Raoul. *La religion populaire au moyen âge, problèmes de méthode et d'histoire*. Paris: Librairie J. Vrin, 1975.
MESCHINI, Marco. *Innocenzo III e il negotium pacis et fidei in Linguadoca tra il 1198 e il 1215*. Roma: Bardi Editori, 2007.

MITRE FERNÁNDEZ, Emilio (coord.). *Historia del Cristianismo*. II. El mundo medieval. Madrid: Editorial Trotta, 2004.

MOORE, Robert. *La persécution, sa formation en Europe 950–1250*. Paris: Les Belles Lettres, 1991.

OLIVER, Antonio. *Táctica de propaganda y motivos literarios en las cartas antiheréticas de Inocencio III*. Roma: Regnum Dei, 1957.

POU Y MARTÍ, José María. *Visionarios, Beguinos y Fraticelos Catalanes (siglos XIII–XV)*. Madrid: Ed. Colegio Cardenal Cisneros, 1991.

SALVADOR MARTÍNEZ, H. *La convivencia en la España del siglo XIII, perspectivas alfonsíes*. Madrid: Ediciones Polifemo, 2006.

VAUCHEZ, André. *La espiritualidad del occidente medieval*. Madrid: Cátedra, 1985.

VENTURA, Jordi. *Pere el catòlic i Simó de Montfort*. Barcelona: Aedos, 1960.

VICAIRE, Marie-Humbert. *Histoire de Saint Dominique*. Paris: Les Éditions du Cerf, 1957. 2 t.

VIOLANTE, Cinzio. *Studi sulla cristianità medioevale*. Milano: Editricie Vita e pensiero, 1972.

WEBSTER, Jill. *Els franciscans catalans a l'Edat Mitjana, els primers menorets i menoretes a la Corona d'Aragó*. Lleida: Editorial Pagès, 2000.

Título	O catarismo na tradição espiritual do Ocidente
Autor	Eduard Berga Salomó
Capa	Mônica Jackson
Diagramação do miolo	Marcus Vinicius Mesquita de Sousa
Formato	14 cm × 21 cm
Mancha	10,7 cm × 16 cm
Tipologia da capa	Trajan, The Sans Plain The Sans Correspondence
Tipologia do miolo	Palatino, Calibri
Software	ConTEXt, Vim, Git, Atom
Papel do miolo	Pólen Bold 90 g/m²
Papel da capa	Duo Design 250 g/m²
Número de páginas	124
Tiragem	1000 exemplares
Impressão e acabamento	Graphium · (011) 2769-9056
Data	Agosto de 2018